THE ENTREPRENEUR'S PLAYBOOK

企业家的剧本

[美] 伦纳德·C.格林　保罗·B.布朗 ◎ 著

董亚欣 ◎ 译

开启成功事业的百余条商业准则
一个企业管理者必备的战略、决窍和技巧

海南出版社
HAINAN PUBLISHING HOUSE

Entrepreneur's Playbook: More Than 100 Proven Strategies, Tips, and
Techniques to Build a Radically Successful Business
by Leonard C. Green with Paul B. Brown
Copyright © 2017 Leonard C. Green. Published by AMACOM, a division of
American Management Association, International, New York. All rights reserved.
中文简体字版权 © 2018 海南出版社

版权所有　不得翻印
版权合同登记号：图字：30-2018-010 号
　　图书在版编目（CIP）数据
　　企业家的剧本 /（美）伦纳德·C. 格林
(Leonard C. Green)，（美）保罗·B. 布朗
(Paul B.Brown) 著；董亚欣译 . —— 海口：海南出版社，
2018.6
　　书名原文：Entrepreneur's Playbook: More Than
100 Proven Strategies, Tips, and Techniques to
Build a Radically Successful Business
　　ISBN 978-7-5443-8123-9
　　Ⅰ . ①企… Ⅱ . ①伦… ②保… ③董… Ⅲ . ①创业
Ⅳ . ① F241.4
　　中国版本图书馆 CIP 数据核字 (2018) 第 072779 号

企业家的剧本

作　　者：（美）伦纳德·C. 格林　（美）保罗·B. 布朗
译　　者：董亚欣
监　　制：冉子健
策划编辑：冉子健　谌紫灵
责任编辑：孙　芳
责任印制：杨　程
印刷装订：北京盛彩捷印刷有限公司
读者服务：蔡爱霞　郄亚楠
出版发行：海南出版社
总社地址：海口市金盘开发区建设三横路 2 号　　邮编：570216
北京地址：北京市朝阳区红军营南路 15 号瑞普大厦 C 座 1802 室
电　　话：0898-66830929　　010-64828814-602
投稿邮箱：hnbook@263.net
经　　销：全国新华书店经销
出版日期：2018 年 6 月第 1 版　2018 年 6 月第 1 次印刷
开　　本：880mm×1230mm　1/32
印　　张：6.875
字　　数：154 千
书　　号：ISBN 978-7-5443-8123-9
定　　价：45.00 元

目 录 MULU

特别服务

想要获得我的免费反馈吗？

在阅读有关企业家的书籍时（它们当中有一些书还很不错），我经常遇到的问题就是，这些书让我们自己去理解里面的内容，而如何理解作者的观点全部取决于读者。

这不是最理想的状态。

我认为这是一个值得思考的问题。

这本书的核心是学习如何通过与他人不同的思考方式来解决问题。所以，这是一个实践我所讲理论的好机会。

如果你登录网站 greenco.com，你将有机会成为我的"虚拟"学生，可以获得我对每个章节测试的反馈。

现在登录网站即可了解更多。[1]

---

[1] 扫描二维码可直接登陆网站。——编者注

写在前面

几乎每个人都知道企业家是什么。

他们以全新的有利可图的方式解决问题。

他们往往是这样做的，但是很少有人能够完全理解。

换句话说，大多数人都想有大局观，这被视为一种策略，但是他们恰恰在战术层面上先失败了。

这就是我们要花时间学习的地方：成功的企业家使用的策略和准则。这就是为什么我按照准则而不是章节来编写这本书。

以此为背景，让我们开始吧。

找到需要修复或改善的市场缺陷 准则 1

美国大学和商学院的学生们给他们的教授排名是很常见的现象，我非常幸运能在研究企业问题处于全美领先地位的巴布森学院（Babson College）[1]工作，我经常榜上有名，或者差一点就上榜了。

但是，教授们给他们的学生排名也很常见（排名没有在任何地方公布出来，但请放心，我们一直都在关注着排名）。

那么，排名能说明什么呢？主要有以下两方面内容：

1. 教研究生要比教那些上我管理课的总裁们容易得多。虽然这些总裁才华横溢，学起东西来也很快，但是研究生学起东西来比他们还快。

2. 教在读大学生要比教那些攻读工商管理硕士的杰出人

---

[1] 巴布森学院：位于美国马萨诸塞州的巴布森公园，成立于 1919 年。主要设置了 22 个商业和人文专业领域的本科课程，商学院设置了 MBA 课程和其他研究生课程，并提供多种跨专业领域的课程。其商学院在创业学领域有着很强的优势，连续 13 年被《美国新闻和世界报道》评为全美第一。

士更容易。

当我告诉人们这一点时，他们接着问了我一个很合乎逻辑的问题："你是否会觉得教高中生要比教大学生更容易呢？"我的答案是肯定的。他们中的一些人又接着问我："这是不是说初中生比高中生学得更快，小学生比七八年级的学生学得更快呢？"

我知道他们在开玩笑，尽管我没有教过那么小的孩子，但是我的答案依然是肯定的。

我现在要扩展这一点内容，但是我的想法很简单：你越年轻，你就越容易接受新的想法。而随着年龄的增长，我们思考得越多，我们明白得就越多。这个问题很明显，正如马克·吐温所说："让我们陷入困境的不是无知，而是看似正确的谬误判断。"

我从教学中意识到：你越愿意接受新的想法，你越容易具备创业精神。同时，我还相信你越年轻，就越容易掌握你日后所需的创业技能。但是，对此我在当时还不是很确定。

几年后，一个偶然的机会，我弄清楚了这个问题。

我的外孙肯尼，在长岛州的伯克利乡村学校读五年级，他们那个时候正在学习关于商业和企业的知识。肯尼动员我到他们的课堂上去谈谈我做的研究。

肯尼的母亲，也就是我的女儿贝丝，她是一名律师。她曾与因《谈判要诀》（*Getting to Yes*）而得名的著名谈判专家罗杰·费希尔[1]一起工作过。听说这件事后，她很兴奋但又很担心。"爸，

---

[1] 罗杰·费希尔（Roger Fisher）：哈佛大学教授，"哈佛谈判项目"主任，同时供职于冲突管理咨询公司和剑桥冲突管理咨询集团，为众多的政府部门、企业和个人提供谈判咨询服务。代表作有《谈判力》《横向领导力》。

他们还只是十岁、十一岁的孩子，你要说的那些在大学或研究所课堂上的内容，哪些内容是他们能够理解的啊？学校想让你讲 90 分钟，一个半小时的时间，你如何抓住孩子们的注意力啊？"

贝丝停顿了一下，露出了一个她十几岁时常有的表情，仿佛在说："爸爸，你真是太愚蠢了。"但她又问我："你确定要答应这件事吗？"

我告诉她这是小菜一碟，还说我会用我在巴布森学院开放日做的"实验课"。贝丝看起来更担心了，但是我真的这么做了。我站在肯尼和他的同学面前，我花了几分钟和他们认识了之后，我给他们看了一个普通的杯子，我问他们可以用什么方法让这个杯子变得更值钱（商学院学生管这叫"价值提升"，而五年级孩子则称之为"挣更多的钱"）。

他们跃跃欲试，很快想出了下面这些主意：

1. 加上颜色；
2. 加上图案；
3. 加上学校的名字——伯克利；
4. 做两个手柄；
5. 加上一个温度计来显示杯内液体的温度。

他们通过了第一个测试。他们真的增加了这个杯子的价值。然后我掏出我的智能手机，开始进行第二项测试。

"你们都知道这是什么吧？"（大多数学生都有自己的手机，他们很了解手机能干些什么。）

"我们来做一个测试，看看谁最有创意。"我将班级分成 4

组，给他们 15 分钟的时间来讨论这个问题："假设现在是 5 年后，想象一下，你的手机将会有什么功能？把你们想到的功能列出来，越多越好。"

他们想象出来的功能简直出人意料。他们认为，未来的手机不仅能播放任何他们想看的电视节目，而且能迅速适应用户的使用习惯和偏好。只要输入他们的喜好，手机就会自动下载相关节目，播放列表也会立刻载入相关的歌曲，一切操作都可以通过语音控制。他们列出了数不清的功能。

在下一项测试中，我让他们做了我常常让大学生、研究生甚至总裁们做的事。我说："既然你们已经预见了市场的发展方向，我希望你们能举出未来会大受欢迎的产品，越多越好。"

他们再次出色地完成了任务，而且他们比我以往教过的任何学生都要想得更多、更快。实际上，我觉得其中一个想法有着极高的含金量。让我来告诉你们这个想法是什么吧。

假设你要去一个大型超市购物，比如塔吉特、家得宝、百思买之类的超市。这些超市非常大，有些甚至占了整整 3 英亩，大到你难以找到你想要的任何商品。

假设这个超市是沃尔玛，你进入这个应有尽有的沃尔玛超市后，你的手机会收到一封邮件，询问你是否要下载这个超市的详细地图，帮助你了解售货位置。如果你点击"是"，你不仅会得到一个附带搜索功能的地图（比如搜索"麦片"，就会显示麦片在第 22 道货架的左边），而且在你接近麦片的货架时，你还会在手机上收到一张优惠券，每包麦圈可以便宜 1 美元。如果你在卖割草机的区域停留超过 90 秒，在当天购买任何一款割草机不仅能享受 100 美元的优惠，你的手机还会对你考虑购买的机器作出比较。

这个想法好极了，而且完全可行。我已经检验过了（这个想法利用现代技术可以轻松实现）。

这个想法符合我的成功标准：双赢。实际上，这个想法甚至实现了三赢。顾客逛超市更方便，能享受更有针对性的优惠，顾客受益；商家获得了更多鼓励感兴趣的顾客购买自家商品的机会，商家受益；超市为顾客创造了更多的价值（从而在很大程度上提高了销售额），超市受益。我相信，有人将会凭这个点子获得巨大的成功。

看看发生了什么

刚刚我们学到了什么？

首先，我们了解到我的外孙和他的同学们非常聪明。

其次，越年轻的群体，越容易接受商业方面的教学。

为什么在相同的时间内这些五年级的孩子们会比我教的大学生、研究生和总裁们想出更多的办法呢？

有以下 3 个原因，如果你已经 10 岁以上，最好把它们牢牢记住。

1. 年龄越大的人，见识越多，也更容易在自己或者别人想出一个新想法时产生质疑，说这样的话："不，那样肯定行不通，因为……"

2. 你会担心在提出自己的新想法后出丑，或担心这个想法可能行不通，于是你选择采取最保险的做法。但是在你十岁、十一岁大时，你可不会被自我质疑所束缚。

3. 最重要的是，这些孩子们会用最高效、最高产的方式进行商业思考。如果你想变得更擅长企业经营，就像那些五年级的孩子一样，想出一个改良方法。不要试图想出一个还没有市场的革命性的想法，而是要从改良一些现存的有问题的产品开始。

让我解释一下吧。

我在巴布森学院上课时，这样的事情总是发生：在讨论学生可以出售怎样的产品或服务时，总有人会说："我有一个想法。"好吧，我对他们有想法一点也不惊讶，因为想出一个点子非常容易。

但是你不应该从一个全新的想法入手，你应该从市场需求入手——通俗地说，就是从改良产品入手。

对于很多人来说，这个建议或许和直觉完全不符。他们会问："难道不应该着眼于关于某个产品或服务从未以任何形式出现过的想法吗？"

答案是否定的。原因如下：

当你在琢磨如何创造一个产品或一项服务时，你自然会试图想出一个独一无二的想法。这似乎很合理，既然你想创造一个全新的东西，为什么不从一个独一无二的东西开始？

因为这样做效率非常低，效率低的原因是这些想法很容易被想出来。

我会让你向你自己证明的。

花两分钟记下你想要创建的所有东西，例如，列出可以让你飞着去上班的喷气式飞机，以及将餐具从餐桌运到洗碗机的设备。

预备，设置，启动。

也许你和大部分人一样，在两分钟内至少想到了 10 个想法（正如我说的，产生想法是容易的）。

问题是这些想法中的绝大多数都还实现不了。有些根本不可行，因为我们不知道如何让这些盘子自动运到洗碗机里。要花很多的钱，才能解放你的双手；大量生产喷气式飞机，会为你的上下班带来巨大的成本。虽然你产生的绝大多数想法都很有趣，但是你没有必需的能力、天赋甚至兴趣，把它们变成现实。

所有的这些都解释了为什么你不想从一个独特的想法开始。你想从改善一个现有的概念开始。

有以下 3 个具体的原因：

第一，你不必花很多时间来解释你有什么。宝丽来相机最终大获成功，但也耗费了一段时间。他们需要教化市场。每个人都知道相机是什么，并且有能力想象怎样的相机是一个更好的相机（拍摄图片更清晰或更容易聚焦），但试图出售一个自动胶卷显影的相机需要解释很多。人们需要理解它是什么，并相信它在实际使用中也是有效的。

你可以从你的竞争对手那里获得一些好想法。

比如他们在哪些方面做得很好？你可以就他们提供的产品或者服务进行借鉴和改进。

第二，如果你的想法是一个未知问题的解决方案，那就是一个问题了。例如，你想要创造一份比《华尔街日报》更好的商业报纸，我相信你可以找到几十个你认为可以改进的小缺点。事实是，《华尔街日报》是一份非常好的商业报纸，全宇宙都没有比这更好的了。他们认为现有的"报纸"，在这种情况下恰到好处。

最后，当你决定从一个想法开始时，你必须出去找客户。这不是一件容易的事。从一个市场需求出发，你才能拥有客户。客户们想要的，正是类似于你提供的服务或者产品，来帮助他们解决遇到的问题。

不妨这样做

正如我们刚刚看到的，不要先去试图创造一个全新的产品或一项服务，要先通过尝试解决现有的问题，这样开始的话，会更容易。如果你沿着这条路线走下去（我建议你这样做），你可能会最终构建一些已经存在的东西。

不要花太多时间来计划

我在巴布森学院的许多教授同事需要花很多个小时来教他们的学生如何制定一份商业计划，而我用不了一分钟就可以了。

并不是说我认为计划很浪费时间，其实我相信计划是非常有价值的（参见我们在准则 12 中关于使用态势分析法（SWOT）来分析优劣势、机会和威胁的内容）。一份详细的商业计划可能会给你一种虚假的安全感。如果你过分依赖它，那么你第一次遇到你所没有设想到的东西时，这可能会在第一天发生，你将会非常迷茫。

不去制定一份详实的商业计划，而是对你目前的状况进行分析，做最少的计划，并在进行过程中作出调整（取决于市场的指示）。

每当我说这些的时候，总有人会问："难道我不需要一份详细的商业计划来判断我是否有恰当的时机吗？"

我的回答是否定的。

确认你是否正在进行一个好主意的最简单方式是，在 30 秒或者更少的"火箭间距"（有的人称其为"电梯间距"）内解释你的概念，然后自问："这会是你想投资的事情吗？"

如果你得到某种积极的反馈，你也许就会发现真正的机会。

我们将会在准则 2 中进行更多的讨论。

如果你考虑到了这一点，你会意识到这正是创造商城地图应用程序的人们所做的。地图永远都在，优惠券也一直都有。他们的想法只是将两者结合起来解决一个问题：在大型商店寻找购物券，继而获得最佳交易。

> 当你开始寻求想法的时候，从一张白纸开始是很诱人的。
>
> 但是别那样做。
>
> 相反，从解决问题或改进现有产品或服务开始。
>
> 将我们所谈论的一切放在实际环境中，请让我列出 4 条法则。

法则 1

调查市面上的产品，优化你的产品（更快、更有效等等）。

☑ 证明可行性

一个星期天的早上，我的邻居杰克和坚果屋（销售饼干——确切地说是销售坚果的小店）的老板乔安在城里的一条主要街道上开车，看到一大批客户正在等待购买新鲜出炉的贝果。贝果有十几个品种，主要原料之一其实就是纽约市的水。

随后杰克在全国范围内推广了这一模式，并创立了曼哈顿贝果公司[1]，该公司随后成为纽约证券交易所上市公司。

法则 2

当其他人发现问题时，你应该寻找机会。

如果你要满足市场需求，你必须听市场的。这听起来显而易见，对吧？但是，这意味着如果市场告诉你应该去做，那么你会

---

[1] 曼哈顿贝果公司（Manhattan Bagel Company）：总部位于科罗拉多州戈尔登，是以出售贝果为主的餐馆。

发现，这可能是困难的。你花了很多时间来确定市场需求 X。你筹集资金，制定营销计划，并确定你需要使 X 成为现实。那么突然之间，市场说 X 不是一个好主意，它可以从根本上变得更好，或者市场需要一个新一代的产品。

你能改变这种情况吗？

斯特西·麦迪逊（Stacy Madison）做到了。

☑ 证明可行性

斯塔西·麦迪逊和马克·安德鲁斯认为他们正在做这件事。他们住在新英格兰，正前往参观西海岸，他们注意到在午餐时间，成队的人从道路旁商家处购买食物。在 20 世纪 90 年代中期，皮塔饼[1]和包装袋正流行。他们认为如果人们能在午餐时间在波士顿金融区的中心出售自己的皮塔饼等，那么他们可能应该会有一个体面的生活。

他们是对的。第一天，他们的产品就一售而空。显然他们低估了皮塔饼和包装袋的需求量。当他们的出售点落成的时候，他们每小时都要出售上百个三明治。通常有 30～40 个人排队，但是不幸的是往往有不少人不愿意等待——他们撤出队伍并离开。同时，究竟有多少人没有亲自加入长队伍也不得而知。

为了解决排长队和客户不高兴的问题，每天晚上斯塔西和马克都拿出额外的皮塔饼面包，蘸上肉桂糖或巴马干酪和大蒜粉，将其切成薯片尺寸的长条并烘烤。然后第二天，马克和斯塔西就

---

[1]　皮塔饼：一种非常有意思的面包，起源于中东及地中海地区的美食，最大的特点是烤的时候面团会鼓起来，形成一个中空的面饼，好像一个口袋。

开始向那些等在队伍中的食客分发薯片，感谢他们的耐心。不久，食客们特地赶来索要这些脆脆的、低脂的薯片。

这使得他们的皮塔饼薯片的销售从卡车转移到零售店中。

10年很快过去了，不好的消息发生了，马克和斯塔西分道扬镳了。好的消息是，斯塔西薯片变成了一桩价值6 000万美金的生意。这时，百事可乐公司（菲多利食品公司的雇主）迅速以一倍的销售额或者说6 000万美金将其买下，并且雇用斯塔西作为咨询顾问。

练习1：斯塔西的薯片

我不相信你只需要阅读一本"游泳指南"就能学会游泳。

我也不相信你只通过阅读一本书就能学习创业精神。

你必须亲自下水，才能学会游泳。那么，为什么不回答关于斯特西的薯片案例研究的这些问题来学习创业精神呢？

我用速记法表达的方式，听起来很简单、很直接，也是无法避免的。

但问问你自己这些问题，在你计划开始新事物时，这些问题的答案会帮你建立你的思维。

1. 你会把注意力集中在三明治或小吃上吗？为什么？

2. 你怎么知道你会或不会这样做？

3. 如果你决定专于投资一个，那么另外一个投资你已经做了努力，暂停它，还是扔掉它？

4. 钱不好赚，那么你会怎样营销一种或两种产品呢？

5. 你会在哪里找到制造你产品的设备？

6. 你会把薯片叫作什么？这个名字会给消费者带来什么信息？

7. 你会让零售商怎样出售这些薯片？

下一步，登陆本书的网站，把你的答案反馈给我。

法则 3

不要给客户他们想要的东西，而是给他们真正需要的东西。

史蒂夫·乔布斯是苹果的创始人之一，他在这一方面是专家。每一个创业者都应该读一读沃尔特·艾萨克森（Walter Isaacson）写的 700 页的《史蒂夫·乔布斯传》，因为这本书包含乔布斯生产出的很多产品，而人们根本不知道这些正是他们需要的。知道乔布斯提供给他们 iPhone 和 iTunes，人们才知道他们需要一种新型手机，需要一种新的方式来购买和储存音乐。

法则 4

利用帕累托 80/20 法则。

你可能听说过 80/20 法则，也就是所谓的帕累托法则，是以意大利经济学家弗雷多·帕累托命名的。在商业行业中，80/20 法则是非常简单的：大约 80% 的公司的收入或利润直接来自于 20% 的资源，比如产品线、客户，甚至是人。这一原则得到了许多研究的支持，所有的研究都得出了同样令人痛苦的结论：这确实是真的。请看下面的一个例子，证明这确实是真的。

☑ 证明可行性

在乔·温彻斯卡十几岁的时候，他和他的父亲一起工作，他的父亲是一名泥瓦匠，用砖和石头建造房屋和办公建筑。当乔15岁时，他开始注意到房地产经纪人，他们穿着得体的衣服，开着豪车，来到了建筑工地。这些男人和女人并没有从事体力劳动，但是挣的钱却比他父亲还多。

大学毕业后，乔成为了一名房地产经纪人，他决定开办自己的房地产公司。他的新公司有10名经纪人，并且他很快就了解到，80/20的规则也适用于房地产经纪人。他有两名员工非常勤奋，3名员工工作还不错，5名员工刚刚步入正轨。毫不奇怪，这两个辛勤工作的人创造了80%的利润。

乔很沮丧。他投入了很长时间，致力于为客户服务，并努力做到最好。他不明白为什么他的10个员工中有8个没有这些优秀品质。

一次偶然的机会，乔和一位在不同公司工作过的房地产经纪人会面，学习到了他们工作的技巧：

➤ 负责订单的代理人员必须将他们的姓名和电话号码写在待售标志上，并将它放在公司外面。感兴趣的人会打电话给他们，而不是打房地产公司的总机号码（如果人们打到总机号码，那么订单代理人员就不会把潜在的客户和打电话的人联系起来）。

➤ 报纸广告的负责人也是这样工作的。如果你注册了一个客户，你的名字就会和客户一起被列在广告中。

➤ 作为支付管理费和每月开销，代理商保留了他们佣金的最大份额。

练习 2：80/20 法则

1. 乔应该寻找房地产代理商什么样的工作特质，进而来用这种新的方式做生意呢？

2. 这个模型适用于任何情况吗？

3. 怎样才能保证这些代理人不离开？

4. 标准房地产佣金是 6%，乔应把这个比例设置的更高、更低，还是保持 6%？

5. 80/20 法则适用于你的业务吗？

◇━━━━━━━━　**本章的 5 个要点**　◇━━━━━━━━

1. **不要从一个点子开始。**对市场需求有了识别再开始你的探索。

2. **确保你已经投入其中。**当然，大批量制造飞行喷气背包的想法很吸引人。但如果你没有技术背景，或者你不想在不久的将来把大半生的生命都花费在这些东西上，最好还是去做别的东西。如果你不真正忠于自己所做的事，会很难筹集到你需要的钱，也很难找到克服困难的方法。

3. **确保你对这个机会有信心。**在生活中几乎没有什么保证，一个新企业的成功当然也不会是必然的。尽管如此,你还是想要尽可能地确信你已经确定了一个重要的市场需求。

4. 市场需要可持续发展吗? 你能想象到什么可能会让你破产吗(技术的变化:一个更大的竞争者的加入注定会偷窃你的销售额吗)?你要如何保护自己,避免这样的事情发生?

5. 如果最坏的情况发生,你的应急计划是什么?

改良产品是不够的 准则 2

好消息是，你已经或者你确信你能想出一个可以满足大需求的产品或服务市场，这将解决一个巨大的问题。

坏消息是，改良产品并不是旅程的终结；相反，这只是一个开始。正如我们在准则 1 中所看到的，即使你有再好的捕鼠器，老鼠也可能不会走到你的门前。这种陈词滥调根本不是真的，你需要想办法告诉别人你所拥有的，并在某种程度上定位你的产品或服务。只有这样，你才不会在竞争中败落。

你的想法的定位和发展与这个想法本身同样重要，这是我学到的另一个教训。让我来告诉你。

我们确信我们已经想好了怎么改良产品，特别是一种更好的"红牛"——一种高能量饮料。我们在饮料业有经验，我们知道如何把产品带进商场，而且市场对这种饮料的需求越来越大。因此，即使我们只获得一小部分市场，我们就非常成功了。

"红牛"的咖啡因含量很高，保证会让人保持精神。我们的产品水银能量饮料（Mercury Energy Drink）也有咖啡因，它还包括能量的另一个来源——核糖。核糖能给运动中的人提供碳水化合物，并且代替流失掉的水和钠。

我们可以将运动饮料（佳得乐）与能量饮料（红牛）两种类型的饮料融合在一起，形成一种新型饮料，我们称它为"运动能量"。

当我们考虑如何使"水银"成功的时候，我们有以下优势：

1. 我们了解饮料业。

2. 人们对于锻炼以及保存身体水分的重要性的意识提高，这为运动能量饮料的发展提供了良好的时机。

3. 我们有资金来启动和推广我们的产品。

那么，为什么人们还在喝"红牛"，而你却从来没有听说过"水银"呢？这主要是因为有些事情我们没有预料到。一个成功的竞争对手有能力与新竞争者的价格相匹配，从而消除了对手成本较低的竞争优势。"红牛"开始用特殊的方式来促销它的产品，例如买一送一。

我们能想出其他的营销方法吗？

当然，我们本可以花大把的钱：

➤ 打广告

➤ 让名人代言产品

➤ 将产品摆放在超市和便利店支付结算柜台附近的货架上

但是，为什么我们没有这样做呢？

创造"水银"并不是我们的主要业务。尽管我们本可以让它成为值得我们骄傲的事情，但是如果它从来没有发生过，情况也不会像世界末日一样糟糕。因此，我们把注意力转移到其他事情上（详情如下）。

我们的"水银"项目给我们的启示是：

1. 你必须准备好让你的竞争对手改变它的市场策略和定价，以回应你如何选择推销你的产品或服务。

2. 你必须有足够的财力支撑你的项目。

3. 你必须有毅力坚持下去（我们稍后还会详细讨论这个问题）。

做这些事情需要 5 个小时的时间和精力，并且他们能够与"红牛"竞争。

我们决定放弃"水银"，集中力量融资开发蓝爵（Blue Buffalo）宠物食品。当蓝爵在 2015 年 7 月 22 日首次公开募股并成为一家上市公司时，我们知道我们的决定是正确的。

更多证据

让我们以这个概念为例，说明你应该怎么做。

两名巴布森学院的学生——迪内什·瓦德瓦尼和他的兄弟丹尼，提出了一个很好的想法：一个更持久的灯泡，它可以节省能源，而且是专门为仓库和工厂设计的。它真得比市场上的任何东西都好，而且他们认为其价格可以和对手的价格相同。

他们来找我，想要让我肯定他们有一个很棒的概念，并且正在走向成功。我告诉他们，这确实是一个更好的挣钱工具，但只有一点：我觉得如果立马投入市场的话，注定要失败。

"你永远不能按照你自己定位产品的方式成立一家公司，"我说，"一方面，客户很难更换灯泡供应商。他们不会相信你的灯泡寿命更长。他们会告诉你，他们太忙了，无法自己进行测试，并且这将花费他们的钱。"

"另一方面，当你赢得合作的时候，有人可能会生产出一个类似的灯泡。是的，我知道你有一个专利，但是我在这里告诉你，竞争对手会找到一种方法来区别他们的产品和你的产品，或者简单地复制你，等你起诉——但这个过程中他一直在挣钱。无论哪种情况，他们都将以低价来削弱你，而你将不会赢得另一份合同。"

毫不奇怪，迪内什和丹尼在我发表评论后非常沮丧。

"然而，有办法解决这个问题，"我说，"去所有的仓库和工厂，解释你的灯泡，并提供免费的替代灯泡。"

"用自己的灯泡换掉他们的灯泡，却不向他们索取任何费用。你是怎么赚钱的？只是简单地节省大量的能源！大多数公司都会这样做，因为你会降低他们的用电费，对他们来说没有任何损失，所以他们不会反对共享节约。"

迪内什和丹尼采取了我的方法，今天的 Thinklite 是一家成功的公司。迪内什和丹尼于 2015 年在《公司》杂志"30 岁以下非常成功的企业家"中出现过。

这是因为他们"在他们的产品周围挖了一条护城河"。

如何建立护城河

上面这句话的意思是从有可能成为有史以来最伟大的投资者沃伦·巴菲特（Warren Buffett）的语录中借鉴过来的。他的简略方法指的是企业要创造和保持竞争优势的能力，以便长期保护利润和市场份额。

> "在商业上，我寻求着无法突破的中'护城河'保护的经济城堡。"
>
> ——沃伦·巴菲特

让我给你们举个例子，这是由投资百科提供的。假设你决定通过经营柠檬水摊来发财。你意识到，如果你是每周，而不是每天早上买一次散装的柠檬，你就可以减少 30% 的成本，这样你就能降低柠檬水的价格。

你的低价格导致顾客从你这里（而不是你的竞争对手）购买柠檬水的数量增加。结果，你看到利润增加了。

你的竞争对手注意到你的方法并使用它，这可能不会花很长时间。因此，在很短的时间内，你的巨额利润将会被侵蚀，而当地的柠檬水行业将再次回归正常（极具竞争力）的状态。

然而，假设你发明了一种榨汁技术，你可以从柠檬中获得 30% 的果汁，这同样会降低 30% 的柠檬水的平均成本。这一次，你的竞争对手将无法复制你的方法，至少在可预见的未来，因为他们正在匆忙想出他们自己的榨汁技术。

这是一种保护，或者说这是一条护城河。

护城河大厦

在谈论竞争优势时，首先了解它的定义是一种典型的方法。许多学者会说，任何一个因素都是不可或缺的，你比竞争对手提供更多的产品或服务，而且只有这样，他们才会讨论如何保护你的优势。

我认为这是错误的。如果你不考虑如何从一开始就在你的竞争优势中创造一条护城河，那么你就会浪费大量时间和精力，这是真正的风险。

如果那些想出更好的工业灯泡方案的学生们没有想到建他们的护城河——在市场上免费安装灯泡，那么他们早就会被市场淘汰，不然他们将会大幅下调价格，最终也会被市场淘汰。

你需要思考什么样的护城河能从第一天起就保护你的竞争优势。

首先你要问：你有什么不同？

这是商界最基本的问题之一：你打算如何定位你的产品、服务或者想法，这样你就会成功吗？每个人都同意定位所起的至关重要性，然后他们迅速从轨道上滑下来。他们立即开始喋喋不休。

他们如何定位他们的产品或服务？假设定位永远不变，这是很愚蠢的。你的定位可能会随着竞争和经济状况的改变，从而改变你产品的生命周期。

你如何定位产品完全取决于你自己。也就是说，以下的想法并非包罗万象，但可以帮助你思考：

低价格的供应商。 从长远来看，这种定位是不言自明的、极其危险的，除非你计划成为你所在行业的沃尔玛。[1] 采取这种方法的问题是，其他企业——因为她发现了如何做你所做的事情只会更便宜，或者她真的不知道她的成本是什么，所以不收取任何费用——总是会降低你的价格。

高价或高质量的供应商。 找到你所在的行业中最好的供应商，你可以在任何地方找到例子，比如古驰、兰博基尼等。

最快捷。 当然，汽车制造商一直在谈论从 0 到 60 英里 / 小时，但这并不是唯一一个让你的产品在速度上定位的地方。如果你卖给种植者和家庭园丁，你可以拥有最快的搜索引擎或种子。

更便捷与用户友好型。 你可以像大卖场一样提供一站式购物。另外两个例子是"急救中心"的室内服务医疗中心，或提供24 小时订单服务的公司。

更棒的经历。 参加一个较小型的棒球联赛要比参加一个较大型，却被将自己与其他队员区别出来的联赛更加令人愉快，且每局之间几乎没什么差别。在一个较小型的联赛中，球员们更加亲民且乐意签名；球迷们常常被允许在比赛后打棒球，并且几乎在每局之间都有比赛和其他的活动。

这一说法的其他例证：易得宝和劳氏公司也许看起来拥有任何产品存货，但是没什么能够与当地五金器具店提供的服务和建议相匹敌。

――――――――――――

[1] 沃尔玛最初采用"天天低价"的口号打入国际市场，使消费者对其形成平价、低价的第一印象，从而吸引了大量消费者，并通过消费者口碑相传，迅速提升了其品牌知名度。

☑ 证明可行性

当约翰·加格里亚蒂（John Gagliardi）这位全美大学和全世界的美国长曲棍球队员和长岛蜥蜴团队（Long Island Lizards）决定涉足长曲棍球制造业时，他本可以卖和他的竞争对手们一样的装备和衣物。

然而，因为他自己如此身临其境的置身于长曲棍球中，便实现了在装备和服装上的改进。他们使用钛和铝，重新设计制造了棒球杆，使其更加坚固，成为了更容易被各个年龄段接受的产品。

另外，他根据妇女的需求改进了她们的装备（不仅仅是男性装备的缩小版）。在市场方面，他的公司采取的是一种前卫的办法，并且是针对内部城市和美国西海岸从事运动的球员，而不是着眼于传统的东海岸"预科学校"的球员。

这些都为其公司的利润和成功添砖加瓦，特立独行的曲棍球最终被卖给了鲍尔曲棍球公司。

转移。在一个地方用的很棒的主意可以在另一个地方用的同样好。进口和出口就是这么回事，并且当生产者在英国非常欢迎这一主意并将它带入美国的时候，你在电视上也会一直看到它。

最后一点：尽管你的定位可能会改变，但你在一个时期只能投身于一种产业。当然，你更愿意同时跟踪所有有潜力的市场，但是事实是你并不能够。因为你的资源有限，你需要专注于一个关键的产业。

但是，你能细分定位而到达不同的群体吗？当然能。你一直在看着它。软饮料就是个典型的例子。典型的例子是：公司会生产出基础的饮品，即可乐，那么你就可以看到健怡可乐。然而一些喜欢健怡可乐的人不喜欢咖啡因，所以你就可以生产不含咖啡因的健怡可乐。公司由此进行拓展，提供殷桃可乐、香草可乐、健怡殷桃可乐、健怡香草可乐，并且在这之前还可注明这是不含咖啡因的各种口味的可乐。

融资风险

当我开始在巴布森学院讲企业家精神时，让我吃惊的一件事是很多学生不喜欢数字或者不愿意谈论数字。他们对于自己想法的市场和生产领域更加感兴趣，这是不对的。如我所说，我反对他们做 5 年长度项目的业务计划。原因很简单：你不知道这 5 年会发生什么。同样，你需要非常清楚你业务之初需要多少钱。

我的经验法则：计算出你运营公司一年将需要的花费，不含任何税收，然后增加 30%。

你可以说我很保守，但是根据我的经验，我并不是这样。组建一个团队将会比你思考这件事花费更长的时间，完善你的想法，并且去寻找市场。除此之外，你为自己的产品及服务的花费将超出你的预想。例如，你说如果 30 天之内收到货款，客户便可获得 2% 的折扣。在很多情况下，他们将在 60 天或者 90 天完成支付，并且仍将得到那 2% 的折扣。

你曾经雇用过水管工来处理问题吗?

如果有,你就能够完全理解如何做预算。一切都会比你想象的要消耗更多的时间和更高的花费,就像一个很好的没有实践经验的童子军,你需要为此而准备,根据情况作计划。

债务或股权

虽然大部分人可能没有想过,或者不想讨论融资的细节,但是当股权债务问题出现的时候,他们又会喋喋不休。每个人最初的立场都是因为不想放弃股权,如果他们不得不放弃股权,那么它应该是无投票权的股票,这样他们可以掌控公司出现的任何状况。他们计划将其他人的钱用于所有他们需要开始计划的基金中(然而,他们仍持有所有的投票股权)。

从理论上讲,这是一个令人愉快的职位。现在,让我们来讨论一下现实世界。想在你的想法里投入大额金钱的投资者将会想要得到话语权。因此,你可以采用两种股票类型:一类有投票权;另一类没有或者只有有限的权限,他们永远也不会得到投票权。

案例研究:峡谷牧场

☑ 证明可行性

因为峡谷牧场的官网就其形成原因给出了这样一个神奇的描

述：一个健康和多维养生的胜地。在问你一些可能激发你想象的问题之前，我要先引用几个这样的描述。

"峡谷牧场……始于一个顿悟的瞬间。在 1978 年新年的那一天，正承受着肥胖、久坐、巨大压力、高血压和一大堆其他的健康问题的梅尔·扎克曼决心减掉 40 英磅。然而到了 3 月 4 日，他只减掉了 4 英镑。"

"他在绝望中奔向了加利福尼亚的'脂肪农场'计划，打算在那里度过 10 天。他最终呆了 1 个月，并且这 1 个月永远地改变了他的生活。在那里，他遇到了一个鼓舞人心的健身专家，健身专家让他 10 天内跑 1.5 英里。结果，梅尔意识到他自己拥有戏剧性的改善自己健康和幸福的力量，并且他需要安排自己的生活，以便他可以在已经发现的这条健康之路上继续下去。"

最后一句话是关键。其他的"脂肪农场"只是专注于提供减肥菜单和练习，扎克曼增加了心理成分，以使人们可以真正理解为什么他们会过食，并且需要找寻新的看待食物的方法。此外，非常愉悦的周边环境也能帮助人们真实地享受这种经历。

我毫无保留地告诉你峡谷牧场的好处：我的妻子洛伊丝和我也是这里的常客。

我因为想要为我的巴布森学院课堂做一个峡谷牧场的案例研究而采访了梅尔·扎克曼。梅尔强调虽然现在有不少同样概念的竞争者，但他已经在动机里面增加了新的分类，即压力控制以及冲突管理。峡谷牧场提供了许多不同等级的练习和许多不同种类的按摩。峡谷牧场在医疗和健康服务方面做了拓展，并且其菜单也在不断地更新和改进。

现在峡谷牧场遍及图森、迈阿密海滩、伦诺克斯（马萨诸塞州）、拉斯维加斯和土耳其。

我了解它的历程，但我要问你的是：你赞成它吗？毕竟，世界上到处都是拥有着神奇产品却没能将其转换成成功生意的公司。BurgerChef 的火烤汉堡曾是仅次于麦当劳的第二大汉堡连锁店。德罗宁汽车公司的 Lionel Trains 品牌以及由美国无线电公司（RCA）制造的数以千万计的收音机和电视机又怎样呢？峡谷牧场会加入这些名单，还是会经得起时间的考验？

练习 3：峡谷牧场

1. 如梅尔所说，在你要去开发一个更好的新项目的时候，你可以在多大程度上依靠你的经验？

2. 峡谷牧场为了保护自己的思路做了多好的预防措施？

3. 公司可以将思路拓展到多远？它在它们周边建了许多社区，现在还在游艇上提供服务。这些是好想法还是一种潜在的品牌淡化行为？

4. 它还可以有什么其他替代性的选择？

5. 它应该继续采取什么步骤，还应该增加什么革新可以让其在未来的地位中获胜？

6. 公司应该像峡谷农场一样拥有员工休息及训练营，以便其公司高管不仅可以得到高级管理培训课程，还能在峡谷牧场的健康计划中获益。

备注：思考几分钟再回到之前的话题。

回答这几个问题，在网上发邮件给我就可以得到我的回复。

至于要让局外人拿出所有的钱，那么潜在的投资者会想要看到你已经投入了自己所有的钱，即使这是你从家人、朋友处借来的"唯一"的钱。外部的投资者不会冒险把钱投在一个把"开始"当成一个理论练习的人身上，他们想要确定的是你也在共担风险。

我完全理解你想要尽可能多地掌控自己公司股权的想法，然而百分百地掌控一个很小的业务可能不如掌控一个大业务的10%。这句话的意思是说它比更好意味着更多的东西。事实上，也许是一个好的思路冲淡了你的立场（出售你的股份给其他人以帮助公司戏剧性地变得更大）。

最后一点，如果你想兼得，那么你就要在个人补偿方案中明确你的需求。如果销售额和利润超出预期，个人就有权获得股票分红。这将有助于你在已有的股票基础上增加自己的股份。你的投资人不会介意，因为假如你挣了更多股票，这意味着你让他们赚了很多钱，并且较大公司的较小百分比的股权也是投资者们双赢的局面。

你去哪里寻找资金

课堂上，我用"家人、朋友和傻瓜"这样的称呼去介绍你起步的资金从哪里来这个主题。清晰可见的是，在这三者中，朋友是最容易接近的。因为他们喜欢你，所以他们是最有可能听从你的人。

如果你和他们都确定不论你的公司最后成功与否，他们都不会投资比可承受损失范围内更多的钱，那么集资就应该平缓进行。你不会想要损失钱的，尤其是你朋友的钱，但是如果你在介绍细节前就解释了潜在的风险，那么当风险来临时，你们可能仍旧是朋友。

不管你的思路怎样，从家庭筹资远远复杂很多。因为有情感的混杂，所以会很困难。事实上，我深信人们没有成为企业家的首要原因是因为他们害怕会失败，且他们当然不想在自己在乎的人面前失败。

在有家庭参与的融资中失败很有可能是毁灭性的。假如你从父母手中借了 10 万美元起步，并且遇到了风险，你也许会在感恩节的餐桌上听到这样的话："儿子，你能把土豆泥递给我吗？你刚好在这儿，你能把我借给你的 10 万美元还给我吗？"

所以，你怎么向家人要钱呢？

要非常慎重，要尽你所能地把这件事当作正常的生意业务。在你将要跟他们要钱的时候邀请你父母的会计师或者律师开会。如果你也能将已经向你投资的人一起带来，会议将会好很多。如果你的家人不是第一个被你要求出资的人，也会好很多。

天使投资者的角色

天使投资者即为创业公司或企业家提供支持的人，且他们常常提供比你可以从银行或风险投资人那儿获得的更好的条款。通常，在你寻找资金的时候，你将会发现他们，或者他们会找到你。你将求助于朋友或者一个潜在的资金源。由于你寻找资金，他们会听说你的企业。

　　说服他们投资往往更容易，因为他们可以记得自己开始运营公司和需要资金的时候，所以他们能够感受到你的感受。通常，这些人在一项业务投资中赚了钱并且已经结束了，现在他们想念那些行动。他们愿意支持你，部分因为他们喜欢你和你的想法，同时他们想重新回到那个游戏中，即使是间接由你进行投资的。

　　那使得他们更容易受欢迎。

　　好消息是，他们想投资资金。潜在的坏消息是，他们会想要部分地融入决策参与的过程中。

　　这是个罕见的案例。实际上，在这案例中你可能会想要制定业务计划，以便你的父母和他们的建议者们能觉得更加的舒服。

　　作为借贷或者投资条件的一部分，如果你的父母说出类似的话"我们希望这能有效，但如果不成功的话，我们希望你能做某事"时，不要吃惊。某事指的是加入家族业务或者去做一份实在的工作。

别忘记

　　现在，让我简明地说一下人们在采取行动过程中常常没有引起足够重视的 3 点原因。

产品分布

我不会对此进行任何细节的阐述，除了说在你开门做生意之前，你需要完整的详细计划。只有零售商和批发商才会存储和供养如此多的产品。你一定要用确定的答案解释，为什么他们必须拿你的产品。比如在我们的某些业务中，我们可以让零售商通过委托的方式获得产品，他们仅在产品售出时付款。作为吸引他们给我们尝试机会的激励，我们同时也为零售商提供了比竞争对手提供的更高的毛利润。

获得酬劳

这听起来像是世界上最简单的事情。你做买卖，你得到报酬。然而这非常复杂。你的搜集计划是什么？如果你不能按照计划获得，假如你周转不灵，你的备用方案是什么？

1. 信用额度。

2. 保险业务（一个因素是备选资金来源。保险公司同意支付你的发票价值，这会减去一个包含佣金和手续费的折扣。保险公司立即给你发票额的大部分，其余部分在收到你客户的钱之后给你）。

3. 将你要付给供应商的钱独立出来。

4. 减少你的现金支出。

说到这里，其中有两点，你可能没有想到：

1. 反复检查你在被法律包含范围内可以享受从事业务的税收减免，这可以减少你可能会支付的税收。换句话说，你将会减少花费且保留更多的现金。

2. 交换。正如我们在准则 3 中关于鲍勃·赖斯（Bob Reiss）在电视指南游戏中做的阐述，这可以作为资金获得最有效的方式。

广告

已经有成千上万的书籍是关于这个话题的。我在这里只是想提出这个主题，并确保你细致地考虑了它。值得一提的是，我熟知推广而非一般的广告。我认为电视、广播、报纸、广告，甚至互联网的受众广泛，并且随之而来的结果是，在很多情况下费用并不合理。

推广直接面对的是消费者，你想要通过分发样品来接触你的受众，从而减少浪费。

关于广告的另外两点：

1. 每个人都常常直接将广告跳转到终端用户，这不是必须的。与你产品的批发商和零售商一起做推广会更加有效。他们可以决定是否想要通过"特价""优惠券"，或者结合产品以"同类产品"来推广你的产品。

2. 让你的顾客参与你的产品。让他们告诉你如何在你的网站上使用它，让他们就你如何改进或应该增加什么产品做出评论和建议。这是现有的市场调查的最好形式。

让员工辛勤工作

我们刚刚谈论过的所有东西都可以作为"细节"被某人领悟。不止一个人曾告诉过我，假如想法没错，则是"细节决定成败"。

我完全同意。

凭我的知识和经验推测，如果你在 100 家企业进行的产品改良都失败了，那么经过事后分析，你将会发现 75% 的公司是因为没有对细节给予足够的重视。我开篇就说仅仅改良产品是不够的。让我以同样的方式结束：更好的产品改良是不够的。

○ 准则 2 的 4 个要点 ○

1. **请记住，一切皆有可能。** 想要更好地进行产品改良，就必须考虑每一个可能性，尽可能保护和扩大它。

2. **昔日的国王这样做是十分正确的：建立一条护城河。** 你需要知道的是，你将如何保护你的更好的捕鼠器，以此来使你免受将要面对的不可避免的竞争。

3. **让你的客户参与你公司的未来发展。** 他们更喜欢观看什么产品呢？有什么特征？询问他们是否愿意让你帮他们解决问题。

4. **拥有大量或者更多的比你想象中需要的钱。** 创业是如此的艰难，因此你不会想用花光了钱的方式来使自己变得更强。

连你都对自己的点子没激情，那没有人会有 准则 3

"激情？为什么他一直在谈论激情，其实激情并不是商业的核心。这是一种充满情感的暧昧感，似乎极其不合适。我并没有回忆起其他任何人把激情写在商业里的书籍。

你是正确的——他们不把它包含在内是错误的。

你需要在试图尝试和创造新事物方面树立信心；当你拥有自己的想法并开始行动时，你必须要放弃很多东西。你会牺牲与你家人相处的时间，并且长时间不会与你的朋友相见。你参与外界的时间将大幅缩短，从你起床的第一秒和入睡的前一秒，你都会一直思考自己的想法。

你最好十分热爱它。

当我说这样的事情的时候，那些正在考虑创立自己公司的人的反应方式会有这两种方式中的一种：

"好吧，可能以前有人全身心做过，但我相信工作与生活是可以平衡的。我要用每周 50 个或 60 个小时投入到企业中。我要以更睿智的方式，而不是更辛苦的方式来工作，这样我就会有多余的时间做其他事情了"。

对此我想说："我希望你能成功，但我不会同意你的想法，也不希望有专业人士来参与你的想法。如果你整天都盯着你的手表考虑如何消磨时间，你就不能把足够的注意力放在你的新公司上。"

> 尽管你真的想让事情发生，但是有可能什么都不会发生。如果没有那种欲望，什么也不会发生。你的生活将会被来自方方面面的其他东西填满。

我想告诉你的是，工作与生活之间的平衡是可能的。前提是你没有开始新的东西。新的理念会占据你大部分的生活，这是你想要取得成功的必经之路。我不知道谁在已经完成了一大半的途中换成了做其他事情。如果只付出一半的努力，你是不会在生命中取得胜利的。

其他人的反应是什么呢？他们问道："当你谈论激情时，你真的忽略了什么要点吗？我渴望将来赚取一大笔金钱来使我继续前行。"

有可能不会这样。

首先，它会让你走上歧途。你想要追逐的"利基市场"[1]实际上是个悖论。当你意识到什么是热门的事物的时候，它可能开

---

[1] 利基市场：指向那些被市场中的统治者 / 有绝对优势的企业忽略的某些细分市场或小众市场。

始冷却了。就像那些所有开了一家像 Netflix 那样崭露头角的音像店或像售卖纸杯蛋糕那样来去匆匆的店那样。

其次，它可以让你进入一个你没有天赋的领域。看看国际上任何一家大公司，比如有限品牌公司（Limited Brands）[1]、联邦快递（FedEx）[2]、马里奥特（Marriott）[3] 等等，它们仍被其创始人经营着。你会对掌舵人从开始到现在的工业奇迹感到惊奇。

关键是你要找到一个市场来发挥你的长处。你很难找到那种他们本身特别喜欢某个领域，却已经在那个领域取得了引人注目的商业成就的人。

如果新想法的实质是生存问题，那么赚钱的欲望可以让你坚持下去。这里有一个实例。

☑ 证明可行性

这是一周的纪念日，星期天的早晨，我打算在办公室待上几个小时。我们公司的咖啡机的操作方式是：即使你只想要一杯，你也得必须制作满满的一壶。我不想因为一杯咖啡而使我浪费整壶咖啡，所以我选择在我办公室附近的便利店买一大杯。除了一个总是会有店主或家庭成员营业的店外，其他的店都因为周末假

---

[1]　有限品牌公司：成立于 1963 年 8 月 10 日，总部位于美国俄亥俄州哥伦布市。通过维多利亚的秘密、娜圣莎和亨利·本德尔等品牌销售女士内衣、个人护理和美容产品、服装与其他配饰。

[2]　联邦快递：国际性快递集团，为遍及全球的顾客和企业提供涵盖运输、电子商务和商业运作等一系列的全面服务。

[3]　马里奥特：美国第二大宴会承包商。

期而关闭着。

"你知道吗？今天这附近只有你一家店开门。"我一边付钱一边说，"怎么会这样呢？"

"因为我们现在急需用钱。"店主继续道，"如果我们不工作，我们就会饿死。"

如果你也是那种情况的话，这种赚钱的欲望就会使你一直坚持下去。但是一旦你有足够的钱来维持生计，那么作为唯一激励因素的金钱将不足以激励你继续前行。你会慢慢开始懈怠，一旦这样，你就会去寻求捷径，然后导致你不能以本可以更好的方式来处理与客户间的关系。

所以说，金钱并不是使你持续坚持下去的动力。

你能把它轻易地否定。如果金钱能够一直激励人，那为什么那些富人和成功人士仍能继续努力工作？他们已经拥有了足够多的东西，正是因为拥有那份激情才得以让他们一直能坚持下去。大多数成功人士不会选择发财致富这条路，因为他们正着手完成自己的终极目标，这才驱使他们不断前进。

从不同角度来看待激情

还有另外一种看待这个问题的方法。从表面上看，在有新的商业冒险之前，你似乎都会询问自己 4 个问题：

1. 它可行吗？它能成功吗？

2. 我能够做到吗？对于我而言，我可以完成它吗？

3. 它值得去做吗？这里有我的销售市场吗？这里有潜在利益吗？人们会感激我做这个吗？换句话说，在它身上付出努力，值得吗？

4. 我愿意去做这件事吗？

最后一个重要的问题是：你想要创造出一些东西吗？为什么？要么是从商业投资上得到什么，要么是它能给你带来你想要的。如果这些都没有，那就没有去行动的理由，也没有必要去回答另外的 3 个问题。在某种程度上，你没有必要把所有的精力都放在毫无兴趣的东西上。

一旦你想去做些什么事，那么一切都得重新定义。如果消极对待，那么你将减少你企图创造的新东西，它的性质就未改变。因为你在意你所去做的事情，所以才会找到解决问题的方法，但你仍不会知道它的实质什么。

> 选择什么样的业务是极其重要的，因为它能满足你的个人目标，这涉及你想做的工作、你的特长和生活。

要证实这一点很容易。

情形 1：假设你为服装批发商工作，你的老板给你制定销售指标，让你弄清楚在东欧销售的一切东西。

下面是这些 4 个问题：

1. 它是可行的吗？谁知道呢？你不知道如何在一个不发达的国家建立分销和服务网络。

2. 你能做到吗？也许能，也许不能。你以前从来没有做过这样的事。

3. 这值得做吗？同样，这是你无法确定的答案。谁都知道其市场规模以及它是否会盈利。

4. 你真的想这么做吗？不，这是老板的主意，你已经有足够的时间来做了，谢谢你。

情形 2：完全一样，但你是那个想把衣服卖出去的人，你已经准备好独自出发了，你认为这是一个机会（你有强烈的欲望想尝试一下，因为你妻子的家庭生活在克罗地亚）。

两种情形下的结果可能是什么？这不是一个很难回答的问题。

在第一个情形中，欲望和激情不是等式的一部分，你不急于做任何事情，因为情况是如此的不确定和未知。你一直在思考你要面对的是什么，并寻找更多的数据。毕竟，仔细研究并调查所有的市场，要比马上开始你的计划，然后失败，然后被每个人说"你考虑的不全面"要好。你最好把启动你的项目作为所有要做的事中的最后一件。

这一切都是因为有欲望存在。因为你真的想要这样做，面对挑战，你想先声夺人，比别人先迈出那自以为聪明的一步。比如说，下次和你的妻子去拜访她的家人时，你可以去拜访一些当地的经销商，并与商务部长的工作人员建立一个探索性的会议。

在开始新的事情之前，问问自己："这是我真正想做的事情吗？"

如果不是这样，把时间花在其他事情上，你可能会更快乐，更有效率。

如果你自己都不在意自己的想法，那么没人会在意。这是关于你对你想法的激情是如此重要的最后原因。如果他们没有看到你的愿望，你对你想法的信念，以及你想要实现它的意愿，那么也不会有人会致力于你正在做的事情。

案例研究：电视指南小游戏

☑ 证明可行性

那是在 1983 年，鲍勃·赖斯（Bob Reiss）密切关注着一个在加拿大风行的棋盘游戏。在这个行业里，赖斯的经验告诉了他这个经验法则：每一笔在加拿大的交易都可以转化为 10 笔在美国的销售，这种琐碎的追求在加拿大会卖出 10 万份，这意味着两件事：

1. 它将在美国销售至少 100 万份（他的估计结果很低）。

2. 这将为其他的小游戏打开一个巨大的空间，这将为赖斯带来巨大的机遇，于是他在美国出售了棋盘游戏。

好消息是，他发现了这个机会，而更好的消息是，他很快就决定如何填补这一空缺，他会创造一个电视游戏。

当然，作出这个决定是不够的。鉴于棋盘问答的成功，很明显，会有许多公司也会试着从一些小问题入手。有些人可能会选择娱乐，甚至是电视作为他们的主题。是什么让他的产品与众不同？他怎样才能推广它呢？大公司可以在广告和营销上花费数百万美元，而他的小公司不可能与之竞争。

困难重重，但赖斯对他的计划充满了激情。激情，正如我们所看到的，它可以让你克服很多障碍。

☑ 作战计划：合作伙伴

他不再单干，而是开始寻找合作伙伴。当时电视上最强大的是《电视指南》。他努力工作以建立联系，并获得许可使用他们的名字。

于是，电视指南琐事游戏（TV Guide Trivia Game）诞生了。

这种安排的好处在于，它不仅给了赖斯一个差异化的产品，还让他获得了免费广告，为了换取 10% 的许可费，《电视指南》同意免费在杂志上刊登 5 个整版广告。《时代》杂志当时的发行量是 1 800 万读者。

到目前为止，一切顺利。

创造一个游戏是昂贵的，而且做得好的人得到了很高的报酬。赖斯解决的另一个障碍是他用 5% 的版税代替了开发人员的业务报酬。

卖给零售商也很贵。他没有设立自己的销售团队，而是与独立的销售代表合作，他们每卖出一款游戏就能获得 7% 的佣金，但没有薪水。销售额的征税问题也十分严峻，所以赖斯再次选择了合作，这一次他和一家能解决税收问题的代理融通公司进行合作。

他如何获得所需的 5 万美元呢？你猜对了。他再次合作，为一个富有的投资者提供股权，以换取创业成本。

1984 年，赖斯以 12.5 美元的批发价格出售了 58 万件游戏，这是他的第一年，总收入为 720 万美元（超过现在的 3 200 万美元），他的个人资产估计在 150 万美元左右，也就是现在的 600 万美元。

练习 4：电视指南小游戏

1. 你会进入一个"时尚"市场吗？

2. 有什么可替代的融资途径？

3. 在电视上做广告将是一条普通而又昂贵的路线，除了他所做的事情以外，他还能有别的选择吗？

4. 既然赖斯在这个游戏中取得了成功，他是应该继续做第二场比赛，还是重新开始一个全新的想法（他也没有这么做。你觉得他为什么没有）？

5. 你会怎么做？

如果想阅读整个故事，R&R 案例研究（以赖斯命名的公司开始销售其游戏）仍是哈佛商业的热门案例之一，您可以通过 HBR.org 观看。

授权

考虑到创造任何东西都有难度，要克服不可避免的障碍则需要激情，你最不想做的事情就是以自己的方式去做。但我保证你会受到诱惑。让我解释一下。通常，创办公司的人都认为自己是首席执行官（CEO）。这当然可以理解。这是他们的主意。作为CEO 有很多不同的方式，不幸的是，大多数人都倾向于旧的命令和控制模式，在那里，老板的指纹可以在所有的东西上找到。

可以运作吗？当然，但有 4 个问题。

1. 没有 CEO 的有效管理，一个企业永远不会发展壮大。

2. 这家公司不能迅速行动。由于所有的事情都要通过首席执行官来进行，因此产生了一个潜在的瓶颈。人们必须等待 CEO 在他们能继续前进之前签字。总而言之，CEO 办公室外面从早到晚都站着一排人。

3. 他们不可能会从他们的人那里得到最好的想法。一旦他们知道公司成立了，所以一切都围绕着 CEO，人们就不会花时间去开发他们最好的想法。"我为什么要？"他们会问："不管怎样，CEO 都要做他想做的事情。"

4. 太累人了。

我知道这 4 点是真实的，因为我曾经是一个想要控制一切的经理。人们把我描述为一个微观管理者。我很难留住高级人才，这并不奇怪。

什么改变了我？

AL Mattia，一个老朋友和注册会计师。

当我的会计师事务所每年增长 10% 的时候，AL 的公司 Amper、Politziner 和 Mattia 每年可以增长 25% ~ 30%，我问 AL 成功的秘诀是什么，他说他曾参加过哈佛商学院的总裁管理项目（OPM），并建议我也应该参加。

我接受了他的建议，`于是参加了哈佛大学的 OPM 课程。高管教育课程的目的是让拥有或运营公司的人对自己的工作有不同的看法。

就像所有伟大的教育经历一样，我的大部分学习都是在我的同学和课堂之外进行的。OPM 课程的设置是为了让你在团队中工作，分析教授布置的各种案例研究，我觉得这些研究很有趣。在每一个问题上，我们都被要求找出一个公司能够更有效地运作或解决他们面对的问题的方法。我发现有趣的是我的队友们对案例研究有不同的方法。

他们一点也不像我（你会在附录中找到我的合作伙伴对我的简短评价）。他们的推理和他们一样独特，而且他们的答案总是那么好，往往比我的要好。

每个人都使用这样的策略，为给他或她工作的人提供一个平台，听取他们的想法。他们也有咨询师，他们和咨询师商量，鼓励他们的员工主动去做些有创意的事情。

我从 OPM 中得出来的是这样一种坚定的信念：我要让我的员工和顾问委员会不仅能表达他们的意见，而且能动脑，运用技术来解决我们所面临的问题，而不用等我来解决。我一直没能让他们尽一切可能来帮助我们的公司成长和提升。我在浪费我们最宝贵的资源——我们的员工，这必须有所改变，我需要创造一个能让他们将工作做到最好的环境。

那就是授权。我成了热衷于工作的负责人，甚至对我们的事业更有激情。

当我回到办公室时，我召开了一次公司会议，并说："我希望你们有所付出。这里的每个人都比我更了解自己的工作，我希望你们自己作决定，而不是等待会议的召开。"

这样做了以后，不仅士气上升了，而且销售和收入也有所提高。

当我讲这个故事的时候，人们总是问我是否担心员工会犯错。我的回答是："并不会。"首先，每个人都会犯错。他们在被授权之前就会犯错误，如果相信他们不会再犯错误，那就太傻了。作为领导者，你的工作是抓住他们。但有趣的事情是：一旦我开始让人们自己做决定，他们犯的错误就会减少。当我的员工认为我要做最后的决定时，他们并不总是完全地思考他们在做什么。因为他们拥有决定权，他们不仅更有创造性，而且更谨慎。他们和结果有了直接的利害关系，我认为这也与向他们强调授权是多么重要的一件事，他们的奖金与他们提出的想法这几点直接相关。

他们对所有事情都有绝对的决定权吗？不，我拥有绝对的决定权。我会保留我的否决权，只在我认为他们的决定对公司有害时才使用它。

请看下面的例子：

在绿地集团，我的税务师、会计师和咨询顾问工作时间是弹性的。他们可以在他们想要的地方和想要的时间工作。但要注意的是："完成工作后，在需要的时候进入办公室，并招待好我们的客户。"我们鼓励每个员工都向他们的客户提供他们的手机和家庭号码。

我公司的工作安排很灵活，因此员工们在工作中也更快乐、更有效率。

对于弹性工作时间，我们的员工很快有了这样一种想法，即在夏季，我们公司应该周五关门。我理解这种想法。我们的办公室位于新泽西海岸的主要高速公路，人来人往。考虑到海滩交通，在夏季的周五乘车上下班可能会很有挑战性。尽管我明白他们为什么想要在周五关门，但这是我说"不"的为数不多的几次。我们需要在这一天敞开心扉，与希望同我们见面的客户会面。

周一有一半的员工上班，周五是另一半的员工上班，这一想法得到了员工的理解和支持，这对我来说也不错。

> 我坚信，将需要解决的挑战和实际情况呈现给一小部分员工，并且倾听他们的奇妙想法，这是非常有益的。

授权对你有用吗？如果你能把你的想法用在放弃控制上，我真的相信它会有用的。我知道对于习惯于控制管理的人来说，这不是一件小事。

我们已经谈过公司的优势，但是在我们结束这个话题之前，我们再来谈谈个人的优势。如果你授权，你就可以闲下来去做你喜欢做的事情，并思考公司的发展。如果你不断地否决，根本就没时间做这些。

对于那些仍然不愿授权的人来说，为什么不使用在许多不同情况下都成功的公式呢？小步小步向前走。如果你想减掉 25 磅，你可以设定一个目标，比如一个星期减少 1 磅。如果你想跑马拉松，你可以从第一周开始跑 1 英里，然后逐渐加量。对于授权，可以先把小事委托给别人，看看结果如何，可以先让员工作出 1 000 美元的决定。我认为，如果你喜欢这个结果，你可以给人们更多的责任。

有些时候就是这样

我经常说，如果你喜欢你正在做的事情，那么去办公室就行不通了。我真的相信如果你有这种感觉，就会很容易保持你的精力和激情。

这是不是意味着每天都在公园里散步？并不是。

失败让我沮丧。我以为我们要去找一个新客户，但我们并没有。我确信我们一直在做的新产品会非常出色，但是它失败了。

当我沮丧的时候，我试着找出我做错了什么，我本可以做些什么不同的事。这有助于我继续前进。从错误中吸取教训，继续前进，相信下次会做到更好。我们将在准则 11 中详细讨论如何从错误中吸取教训。

○　**本章的 4 个要点**　○

1. 如果你在工作中对你的想法不感兴趣，你就不应该这么做。因为这样做，你不会尽最大的努力。

2. 相反，如果你真的爱你所做的事，那就不是工作。

3. 你将如何付诸实践？我的建议是，尝试授权。你会有新的想法，你的公司将会更快地向前发展，你的压力将会减少。

4. 你会犯错误。不幸的是，它是旅程的一部分。要从错误中学习，改正错误，比以前更努力地继续前进。

准则 4 去行动！

　　如果我把时间花在教学上，我相信大多数国家的学校都使我们处于不利地位。

　　原因很简单。如果我们面对的是一个可预测的未来，我们所学到方式就可以很好地应对，但是这在当今世界实现不了。没有人会说事情变得更容易预测。

　　我们学习的方法当然是用来解决问题的，但是如果你想创造新的东西，那就不太合适了。你要做的是重新审视你所学的制定未来计划的步骤。

　　你应记得你该遵循的逻辑：

　　1. 你、父母、老师或者老板们预测了未来。

　　2. 你要为实现这一目标制定一系列计划，并从中选择最优的计划。

*我以前的老板莱纳德·A. 施莱辛格（Leonard A. Schlesinger）

现在是哈佛商学院商业管理的贝克基金会教授，他们建立了这一章的理论基础，我要对他表示感谢。施莱辛格博士在担任巴布森学院的院长时，和查尔斯·F. 基弗（Charles F. Kiefer）、保罗·B. 布朗（Paul B. Brown）一起写了一本书，名为《动手干》（*Just Start*）。正是这本书帮助我在实验中明确了我的想法。

伦恩、查尔斯和保罗紧跟着此书为美国管理协会出版社写了《把握未来：如何像企业家一样思考，并在不可预测的经济中茁壮成长？》（*Own Your Future: How to Think Like an Entrepreneur and Thrive in an Unpredictable Economy*）这本书。

这些作者允许我以他们的想法为基础。作为交换，我不仅要感谢他们，而且我推荐你们阅读这两本优秀书籍。

3. 为了实现你的计划，你将积累所有必要的资源（教育、金钱等等）。

4. 你需要走出去，把这个计划变成现实。

就像我说的，当明天像今天一样时，这种方法可以很好地起作用。但是，一个非常聪明的方法在一个可知的或可预测的未来是明智的，但当事情无法预测的时候，它就一点都不明智了。就像你试图去实施一个新想法一样，当你遇到第一个意想不到的障碍时，所有的计划都是正确的，这很可能会在第一天发生（参见法则 1 中关于为什么商业计划几乎是浪费时间的讨论）。

所有这些都提出了一个显而易见的问题：当你处于一种情境中——比如创办一家公司，或者创造新的东西——却无法完全规划你的成功之路时，那么你实现目标的最佳途径是什么？

> 把一个不确定的世界当作是可预测的，只会让你陷入麻烦。

幸运的是，我的前任老板——巴布森学院院长莱纳德·A. 施莱辛格阐述了使用的最好方法。这是我本能使用的，直到我读到伦恩的书《动手干》和《把握未来》，我才意识到这一点。

伦恩首先提出的前提是，世界可能会变得更加不可预测，而不是更少，因此我们今天所处的思维方式将是明天的不足。接下来要做的是，你需要一种新的行动方式，一种补充——而不是取代——一种别人教我们的思考方式。

当然，很多事情仍然是可以预测的，你也不想放弃一套在某些情况下很有效的技能。

伦恩（与他的合著者查尔斯和保罗一起）减少了处理不确定性的想法——或者说，没有什么比尝试创造任何一个新的简单公式更为不确定。你需要弄清楚你想做什么，然后你应该：

1. 行动（Act）。这向你的目标迈出一小步。在行动了之后，停下来看看你学到了什么。

2. 学习（Learn）。把学习融入到你如何实现你的目标的过程中。

3. 构建（Build）。你在为下一步做准备的过程中建立了学习的基础。然后重复这个过程，这是最后一步。

4. 重复（Repeat）。你再走一小步，停下来看看你从第二步中学到了什么，然后将所学的知识融入到你下一步的工作中去，然后再进行下一步，等等。

这个周期要不断重复，直到你成功，直到你碰到另一个更有吸引力的机会而想去追求时，你也不会再去行动。

采取行动，拥抱不确定性，创造未来。

换句话说，当面对未知的时候，你会朝着你渴望的未来行事，而你也不用去想它。毕竟思考不会改变现实，也不一定会引导你去学习。你可以一整天都想着开一家餐馆，但是独自思考并不让你离拥有一家餐厅更近。

行动胜过一切
（以下是 13 个原因）

我从巴布森学院前院长莱纳德·A. 施莱辛格的 ALBR 模型——行动（Act）、学习（Learn）、构建（Build）、重复（Repeat）中学到了很多。

模型的关键部分：采取行动。

为什么它如此重要？在他们的书中，查尔斯和保罗给出了 13 个理由：

1. 如果你采取行动，你会发现什么是有效的。

2. ……什么是无效的。

3. 如果你从来没有采取行动，你永远都不会知道有什么可能或者什么不可能，你可能会认为你知道，但你不能指出任何具体的东西来证明你是对的。

4. 如果你采取行动，你会发现你是否喜欢它……不管它是什么新的行动。

5. 或者你发现不了。

6. 行动会引起市场效应，这可能会指向另一个方向。你以为要开世界上最好的意大利餐厅。你朝着这个目标迈出了一小步，你就开始举办大型晚宴，并为 Elks 俱乐部每月的会议做烹饪，尝试制定食谱，你最先会发现烹饪和为陌生人提供食物是什么样子的。事实证明，人们对你的烹饪赞不绝口，出人意料的是，你却不愿与他们交谈，反过来，你却被经验冷落了。你讨厌与人交往；后勤工作（寻找合适的地方、不断应对服务员）让你吓出了一身冷汗；你不想在同一时间准备 3 道以上主菜。你知道你喜欢经营餐馆的烹饪部分，但对其余的都不感兴趣。决定采取行动开办一家餐馆，这引起了市场反应客户们虽然喜爱食物，却发现你是一个冷冰冰的人，你喜欢烹饪，但不可以没有其他的东西——这些东西说服你进入高端餐饮，同时也说服你需要雇用一个人来和客户打交道。

7. 当你行动时，你会发现有人与你同行。例如，在与你的供应商交谈时，你最终遇到了世界上最有条理的人。她现在负责你的餐饮业务的日常运营，她拥有你公司 10% 的股份。

8. 当你采取行动时，你可以找到更快、更便宜、更好的做事方法。你发现，在把你世界闻名的帕尔玛干酪鸡肉做了 50 次之后，你可以用 8 个步骤来做，而不是 11 个步骤。

9. 如果你采取行动，你就不会在这样的余生中度过，"我想知道如果……会发生……。"

10. 如果你所做的只是想象，那么最终可能会变得不那么有趣。谁愿意坐在飞机边上？是有人开了一个成功的攀岩店（甚至是不成功的），还是一个只想到这个点子的人？

11. 如果你所做的只是想一些事情，你就可以获得大量的理论知识，但却没有一个来自现实世界。你就像寓言中的那个女人，知道一切事物的价格，却不知道什么是价值。换句话说，如果你所做的只是思考……那么你能做的也只是思考。

12. 行动总会带来证据。因为行动，所以会有所改变，在观察反应时，你可以获得知识（如果我把一个鸡蛋从腰的地方摔下来，它是否会碎）。单纯的思考什么也证明不了。正如财捷公司（Intuit）的创始人斯科特·库克所说："证据比任何人的直觉都好。"

13. 如果你行动，你就知道什么是真实的。你就会想知道什么是真实的。

你们还记得我刚开始讲 ALBR 的时候，我说这一切都始于你真正想做的事情。这就是我们在准则 3 中提到的"激情"部分。如果没有激情，有效地实施这个模型将会更加困难，并且没有你自己的阻碍，开始任何新事物都是非常困难的。

如果你有这种激情，那么第一步就是行动。你必须开始！这就是企业家和其他所有人的区别，也就是那些谈论创造新事物但从不行动的人。

开始行动是一件可怕的事。这意味着你把自己和钱都投入到里面，并处于危险之中；这意味着你要面对一切，迎头而上也可能会失败，失败在给你提供资金的家人和朋友面前。与其去做那些令人恐惧的事情，不如继续思考你的新想法，那样更简单、安全。

如果这是你的课程，你将永远不会开始任何事情。

所以，虽然我明白你为什么认为你必须在开始之前做大量的研究，但实际上并不是必要的，或者是有用的。相反，你可以创建一个蓝本或者口头描述你的想法，然后让现场的人给你写一张你计划提供的产品或服务的支票。如果他们这样做了，你就会有所行动。

如果他们不听，请认真听他们说些什么？他们不喜欢什么？怎样才能让他购买呢？蓝爵在 2005 年开始使用大约 10 种产品，那时没有调查市场或热点的小组。产品上架了，市场决定它是否是一个好产品（到 2014 年，已经有超过 500 种产品，而且还在增长）。这不是一个小问题。你可能认为你拥有世界上最伟大的想法，但只有市场才会告诉你这个想法是否是对的。如果市场告诉你需要改变产品，那么你就需要去改变产品。

本章的 4 个要点

1. **行动（Act）**。除非你有所行动，否则什么都不会发生。
2. **学习（Learn）**。牛顿说得对，每一次行动都会带来影响。

你可以从学习中有所收获。

3. 构建（Build）。制定你自己的学习计划，才能实现你的目标。

4. 重复（Repeat）。不断更新自我。对于你的竞争者来说，他们很难击中一个移动的目标。

没有经历过（偶尔的）失败，就没有
更高的目标

很多有可能成为企业家的人都存在标题中所说的问题。

从理论上说，他们知道从萌生想法到进入市场的道路不会是
一帆风顺的，而且在这个过程中进行的尝试，总有一些不会起作
用，但正是这个词——"失败"，让他们抓狂。

他们只是不想把自己和失败联系在一起，所以当我说失败不
仅是成功的一部分，更是重要的一环时，他们就要反驳我。他们
会停止听讲，用各种各样的理由说明我一定是错的。

这使我困惑了很长时间，直到最后我终于明白了他们在用自
己的方式思考失败，而我却在用另一种方式看待这些失败。

每次当一些关键环节出了问题——消费者说他们不喜欢样
品，或主要经销商对新产品说"不"——这些人就会认为这就是
失败。

我不认为这就是失败，我把它们叫作"挫折"。这两者之间
的差异不仅仅是词义的问题。如果你能从失落中走出来，并且继

续战斗，那么就不叫失败。对我来说，失败是指你被彻底打垮，并且再没有任何其他的资本再来一次。

有了这些背景知识，你就能明白为什么我一直告诫人们，只要你没有被完全摧毁，那么经历他们所认为的那些失败就没什么大不了。如果你在第一次尝试中失去了所有的钱，那么对于你来说，进行第二次尝试就会非常困难。人们将不愿为你投资，特别是当你的初始投资者的钱都打了水漂的时候。更重要的是，你的信心将会下降（"之前，我尝试了一些事情但是失败了，现在我不确定我是否还想再尝试"）。这样一来，后续努力将会更难。你将变得更加迷惑，踯躅不前，并且不断检查一切东西，因为你太害怕再犯错了。

如果你在一次失望后能继续战斗，那就不是失败，你正好可以利用这个机会去学习、去成长（如果你没有这样做，那么它就是一次失败，而且你浪费了时间、精力和金钱）。

所有的一切都说明了非常重要的两点：

首先，正如我们在准则 4 中所说的，你想一小步一小步地走向你的目标，因为你不想在花了大量的钱以后却一无所获。这样做可以让你日后继续战斗。

其次，你想从挫折中学习。挫折，无论其大小，它都消耗了你的时间和金钱，这样就会使你做这件事的成本变得很高。你不会希望因为没有从挫折中学到东西而徒增麻烦。

最好不要失败

当然，你更喜欢不遭遇挫折——或者只遇到很小的挫折，或者在最小程度上受到挫折。让我们来讨论一下如何做到这一点。我们从许多人都有的一个巨大的错误观念谈起，当说到"企业家"这个词时，如果让人们自由联想，他们总是会想起"风险承担者"之类的词，出现这种情况并不稀奇。

1. 做任何事情都有风险。

2. 创建新企业、新组织，创造新产品的人比其他人更有勇气。

3. 新闻界往往把这些男人和女人描绘成冒险家。在媒体关于他们的介绍中，似乎总是有这样的句子："当企业家面临失败时，你将看到他们把赌注压在最后一盘的骰子上——结果是，现在他们有足够的钱买下怀俄明州。"

这个说法确实有些迷惑人，但事实不是这样的。一个成功的企业家不是冒险者，他们会仔细地考虑、权衡风险，关于这一点我们将在准则8中详述。

在行动中权衡风险

☑ 证明可行性

迈克·霍兰德（Mike Holland）是哈佛大学和哥伦比亚商学院的毕业生，他在毕业后他进入商界，在金融服务领域从事工作，有些人称他的工作为"财富管理"。一路上，他观察、总结、学习，后来为华尔街的一个传奇人物索尔·斯坦伯格（Saul Steinberg）工作。

在我们讨论之后，迈克决定不再做和斯坦伯格一样有高收入的高管，接着他去创办了霍兰德公司。开公司需要权衡风险，并且不能保证所挣的钱和需要支付的员工薪水相匹配。

最终，该公司繁荣发展。迈克采取的策略是对管理良好的优质公司进行长期投资。当股票市场波动时，迈克坚持他的策略，并始终以优异的表现胜过他的同行以及标普指数。

同时，迈克是美国全国广播公司财经频道（CNBC）和彭博社（Bloomberg）的常客，也是许多基金投资者信赖的投资顾问。如果他没有从自身角度考虑投资风险，那么现在的一切会发生吗？

警告：这样的投资或许会失败

我很吃惊有多少人没有告诫他们的投资者，他们的计划可能失败。

我明白你为什么不想那么做。

首先，你肯定不希望这个投资失败。毕竟，你不会愿意进入一个你认为不会成功的企业。

另一方面，预先以书面的形式告诉别人你要尝试的东西可能会失败，会给他们一个拒绝投资的好理由。

但是，这不仅是正确的做法，而且还具有战略意义。如果在投资失败前得到告诫，投资者们就不会那么不高兴了。因为你对他们进行了详细的告诫，如果这次失败了，你可以再次找到他们，请他们第二次进行投资，并且说："我想这次我们会成功的。"

如果项目失败，投资者决定起诉你，预先的告诫也会发挥作用，你可以据此为自己辩护。

只要你不想败诉，就要预先以书面形式告诫你的投资者。

防止失败，不要购买特许经营权

尽管我们有最好的愿景，但有时我们也会做出最坏的决定。许多人认为，购买特许经营权可以实现企业风险最小化。

现在我知道有些人认为特许经营者不是企业家，但那些人是错的。特许经营者是对企业家的定义，字典上将企业家定义为"组织和管理任何企业，特别是一种业务，通常具有相当大的主动性和能承担风险的人"。

但是你不需要字典，有常识就够了。在这个追求利润的世界里，企业家是创造和经营以前不存在的新业务的人。不对，地铁加盟商没有发明地铁，但她确实创造出了地铁这种前所未有的业务。

但是，他们并没有冒多大的风险，你哭去吧，字典的定义里所说的"风险"只是企业家所承担的一部分。

那么，这就会有两个答案。

首先，正如我们在本章开头提到的一样，稍后会在本书中更详细地讨论，大多数成功的企业家都尽其所能降低风险。最好的企业家是能承担最不利风险的企业家。他们不喜欢风险，但他们接受这样一个认识，即风险是这场游戏的一部分。然后他们非常努力地将其降至最低。

接着让我们看到第二点——一个企业家如果做出不好的决定，将会增大自己失败的可能。事实证明，购买特许经营权比你想象的更有风险。

有人问我，为什么会这样。特许人已被证明是成功的——否则他们不会有专营权出售，人们不会认为这只是一个假设。这个专营权有一个经过验证的运行方式，他们会给你一个提示，然后承诺为你提供在此方式下的帮助。这样会出错吗？肯定会。美国的小型企业管理局每年都要编制一份特许经营失败清单，而一些特许权公司的失败比例总是超过 50%，这意味着，如果他们有两项特许经营，那么在大多数情况下这两项经营全部都失败了。

购买特许经营权不能保证不失败。

📋 案例研究：哥伦比亚餐馆

☑ 证明可行性

今天我们很难想象，哥伦比亚餐馆（Columbia Restaurant）已被5代人经营，这个家族收购了佛罗里达州西海岸曾经最受欢迎的7家企业。有一段时间，餐厅面临着倒闭的风险。

时间回到20世纪30年代，当时哥伦比亚只是坦帕的一家小型家庭餐馆。在大萧条期间，各地的业务都很艰难，哥伦比亚餐馆也不例外。但是第二代所有者卡西米罗·埃尔南德斯（Casimiro Hernandez）坚信他有办法拯救餐馆。

他计划在坦帕建立第一间空调餐厅，配上高架舞池。全新的独特设施使餐馆成为所有主导音乐界的大乐队表演的完美场所。

然而，有一个明显的问题。他没有数万美元来进行投资，也没有人愿意借钱给他。他没有足够的资产支持贷款，因为他的销售额每周只有100美元左右。

卡西米罗去了当地的银行，请求相当于现在金额35万美元的贷款。不出意料，银行拒绝了他。

于是，卡西米罗提出了一个我们现在称之为双赢的提议。

"我明白你为什么说不。"卡西米罗对银行官员说，"但如果你为我们提供资金，我将在餐厅里放一个醒目的标语，说你给我们做了贷款，你是古巴人民的朋友。这将帮助你在社区中和其他银行竞争时脱颖而出。而且，我们永远不会忘记你，只要我们在做生意，你就是我们的银行，我们永远不会忘记你。"

他的观点得到了支持。1937年，哥伦比亚餐馆开放了露天餐厅，这家公司的网站上说，露台餐厅"就像一个院子，就像西班牙南部安达卢西亚所那样，周围有阳台，中间有一个五颜六色的马赛克瓷砖喷泉，并安装了一个可伸缩的玻璃天窗，为房间提供了充足的光线，晚上也能散射出迷人的光芒"。

这个为银行家提供的双赢的方案，让一切都变得不同。

稍后我们将重新访问哥伦比亚餐馆，以强调另外一点。

练习 5：哥伦比亚餐馆

1. 当有人第一次对你说"不"时，你的第一反应是什么？

2. 你的反应应该是什么？

3. 当你在要求某样东西之前（销售、合同、一笔贷款），你是否在考虑你要如何以符合他们最佳利益的方式去呈现它，或者你只是在思考你自己的利益？

4. 你知道什么是双赢吗？

失败是有好处的

我知道上面的话是真的，因为这是我亲身经历过的，不利的商业环境带来的压力将使你更加努力，更加聪明，它使你比任何在数字上的成功都更加专注。

很少有人怀疑这一事实，但他们会以一种不同的方式反驳。

"谁需要压力？"他们说，"压力不是什么值得期待的东西，不管你描述得多么好，我希望事情能顺利进行。"

我们都希望事情能顺利进行，但这种情况不会发生，所以你需要接受这个事实。此外，如果你赢了所有的比赛，最终你会停止努力。你会因为无聊而承担更大的风险，你会因此开始变得自大。然而压力会让你把注意力集中在最初让你成功的基础上。

看待失败的另一个角度

虽然这是一本有关商业的书籍，但请允许我简短地介绍一下本人的故事，这样能使你更好地理解我们一直在谈论的事情，也可以把这些事更好地运用于你的个人生活。

当我 40 岁的时候，我认为我能做的为数不多的运动项目之一是跑步。所以，我设定了跑 5 000 米比赛的目标，然后是 10 000 米比赛、半程马拉松，最后是全程马拉松。我在波士顿马拉松的慈善部门（Boston Marathon, Charity Division）跑了 3 次。

然后，我被诊断出非霍奇金淋巴瘤，我停跑了几年。在医生诊断我已经康复后，在巴布森的田径教练拉斯布伦宁的帮助下，我又一次把跑马拉松作为我的目标。

这一次，我选择了参加吉米行走基金的波士顿马拉松，它为达纳－法伯癌症研究所筹集资金。他们使用波士顿马拉松赛道包括心碎山（Heartbreak Hill）——全程 26.2 英里（1 英里 ≈ 1609.344 米），一开始我很失望，因为我只能跑半程马拉松。

最终我意识到这不是一场失败，它将是一个胜利。我要完成它的时候，我开始享受这个体验。我停下脚步，和跑步者 / 步行者交谈，他们中的许多人正在从癌症中恢复过来，或者为那些失去了战斗力的人而筹集资金。

这件事让我从一个不同的视角来看待我的生活，之后，我又完成了几场完整的马拉松比赛。

最大的失败是……

没有开始。人们极度恐惧风险，害怕风险的企业理念会让他们永远没有开始。

他们一直在思考这个想法，或者做越来越多的研究，但从来都没有行动起来。

他们花了太长时间来测试市场，推迟实际开始的时间，直到竞争已经从身边过去。

所有的这些做法都是不好的。

如前所述，如果你认为你有一个好主意，那么就应该尽可能快地进入市场，看看会发生什么。谁知道你会不会成为下一个迈克·霍兰德呢？

从"失败"中学习

让我们把这一章所有要讨论的事情总结到一起。考虑这两种

失败:

1.“创客”只是一个约会网站,努力在与其他类似的公司竞争中脱颖而出。这时他们退后一步,开始检查他们的客户,看看他们是否有什么模式,他们注意到很多客户来自印度。

“因此,我们采取了明智的做法。”该公司的网站写道,“我们在令人难以置信的温暖和快节奏的孟买发起了行动。”一个让我们更好、更适合印度观众追随的重塑品牌——创客就成了 StepOut。现在,我们是印度发展最快的网站之一。

2. 早在 20 世纪 90 年代,塔吉特[1]只被视为沃尔玛或凯马特的一个廉价版本,它并不成功。通过与像艾萨克·米兹拉希(Isaac Mizrahi)和迈克尔·格雷夫斯(Michael Graves)这样的设计师达成协议,塔吉特得到了他们为这家店提供的“精简”产品,这使公司变得与众不同,塔吉特最终取得了成功。

你可以说创客和塔吉特的最初努力都是失败的——毕竟,他们都没得到太多的帮助。但是,通过从没有成效的工作中学习——不知情的人会称之为失败——他们实际上是在为成功奠定基础。

要求更高的权利

我意识到,最近皮尤宗教景观调查报告说,大约 23% 的美国人

---

[1] 塔吉特:美国第二大零售商,拥有美国最时尚的“高级”折扣零售店。

口是不信宗教的，他们是无神论者或不可知论者。我从来不谈论宗教或信仰，直到有人提起它。如果他们真的这样，特别是当他们经历了一段艰难的时期，觉得只有自己受到了不公平的待遇的时候，我可能会给他们一份下面的祈祷文。它能帮助我们看清楚一切。

特别是它为我提供了两个重要的提醒：

1. 当事情不顺利的时候，你可以抱怨，或者可以说："好吧，我受到了挑战。我该怎么办？"

2. 它提醒我，上帝不会扔给我一堆我处理不了的东西。

这个祷告帮了我很多。我把它放在这儿不是为了传教，而是帮助你度过困难的时期。

亲爱的上帝：

请帮助我在这小小的生活游戏中成为一个勇者。

我不要求能在其中有一席之地，在任何需要我的地方都与我同行。我只是请求把我现有的全部给你；当困难的时刻要到来时，我要感谢你的赞美。

帮我记住你永远不会让你和我都处理不了的事情挡在我前进的路上。

帮助我认识到休息不好是游戏的一部分。帮助我明白游戏充满了棘手的麻烦，让我对其他的玩家心存感激。帮助我认识到如果他们越努力，我越喜欢他们。

上帝，无论其他玩家做什么，他们都帮助我一直在广场上玩。

> 如果那些活着的伟大球员已经发现游戏的最好部分是帮助那些不幸的人,也请帮助我找到它,帮助我成为其他球员的常客,帮我记住家庭的重要性。
>
> 最后,如果命运似乎用双手抓住我,我被放在疾病、衰老或不幸的单架上,请帮助我理解这只是游戏的一部分。让我不要呜咽,也不要抱怨游戏是个阴谋,或者是我得到了一个不公平的交易。
>
> 在黄昏的时候,我听到了最后的钟声,我请求不要把我放在坟墓里,我只想知道你是否能感觉到我已经尽了我最大的努力。
>
> 最后,当你来总结我的生活时,我想请你写的不是我赢或是输——而是我如何玩这个游戏。

我之前提到过哥伦比亚餐厅,理查德·冈萨雷斯(Richard Gonzmart)是这家餐厅第 5 代家族的老板,也是我遇到过的最好的企业家之一。当我发现他患有前列腺癌后,我打电话给他,并写下了这些话:

在我们的一生中,我们每一个人都有被击败、失败或没有达到目标的时候。这时,我们如何解决这些问题才是重要的,而我从来不选择放弃。

在运动中,你倾尽所有,直到最后 1 秒。在跑步中,你必须勇往直前,直到越过终点线,即使你不得不走过去,甚至是爬过去,你也要坚持到最后一刻。在商业上,我们面临着挑战,但最重要的是保持我们的正直和对工作和使命的信念。在婚姻中，我们需要保持尊重，并和配偶、孩子分享我们的爱。

我的信仰帮助我在生活中认识和处理了许多挑战。鼓励我看到明天还有另一个成功的机会，促使我继续前进。放弃就是失去我们的信念和信心。我们的心是引擎，是维持我们生命的热血，并可以保证我们的今天、明天和将来。

在这里，让我们以感恩、热情、慈悲、善良、耐心、正直、信念、和平和目标来拥抱生活，拥抱每一天。

我将用一段不太恰当的源语作为结尾。

作为一个体育节目解说员和电视名人，霍华德·科斯尔（Howard Cosell）成了一个行业传奇，有一天，我的朋友乔希·马布里（他曾在美国广播公司工作过）把霍华德介绍给我。霍华德在他的书上亲笔题词："竞争中的最终胜利是尽你所能，倾你所有，得到内心的满足。"

本章的 4 个要点

1. 认识到风险。让失败的可能性降到最低的一种方法是牢记企业家不是冒险者，而是风险计算者。

2. 处理发生的问题。挫折、你需要绕过的障碍和让你失去所有金钱的困境，它们之间有着巨大的区别。

3. 记住，一切都结束了才是真的结束。有多少伟大的球队在上半场失利，作出调整，又回来赢得比赛？例如，在 2014 年初的外卡赛上，四分卫安德鲁·洛克（Andrew Luck）在下半场 4 次触地传球和失球，带领印第安纳波利斯小马队从 4 次触地传球历史性地以 45：44 逆转战胜堪萨斯酋长队。记住这一点，当你遇到障碍后就要作出调整。

4. 不要把压力当作一件坏事。 当然，我们都希望事情一直一帆风顺，如果不顺利，就会引起压力，但是压力会让你特别专注于解决手头上的问题。

努力工作（你无法想象有多少人败在了这一点上）

上午 9 点，我在客户办公室安排了一个会议。8 点 52 分，我把车停在停车场，吃惊地发现许多人坐在他们的车里。有些人在看报纸或打电话，还有些人只是坐在那里盯着天空。

我慢慢地走到前门，每隔几秒钟就回头看看停车场，因为我不知道发生了什么事。8 点 58 分，停车场里的所有人都收到了只有他们能听到的信号。他们都停止了他们正在做的事情，从他们的车里走出来，进入了大楼。他们是这家公司的员工，他们将在上午 9 点到他们的办公桌前开始工作——而不是 1 分钟前。

因为午餐后我的会议就结束了，所以下午 5 点我便不在那儿。但是我能猜到他们在 5 点 02 分都回到自己的车里，不会多工作 1 分钟。

不幸的是，我不能说我很吃惊。

你会认为，努力工作是前提。事实不是这样，我认为你可以把它与我们在准则 1 中讨论的 80/20 规则直接联系在一起。前

20％的员工做了 80％的工作，20％的团队产生了 80％的利润和
80％的新想法。

当然，我并没有诋毁剩下的 80％的员工。我从来不指望他们
把时间投入到我的工作上，但我确实希望他们能在工作中付出同
样的努力。如果他们不这样做，我会直截了当地建议他们去其他
地方工作，或许那样会更快乐。

你为什么要忍受这 80％的员工？在创业初期，当你只有屈指
可数的几名员工时，你肯定不会像我那样做，他们都需要专注于
你的创造理念。你的公司应该只保留那 20％的员工。

但随着公司的发展，那 20％的人需要有人来做"支持"类的工
作，于是可以安排他们去处理每个在办公时间或从上午 9 点到下午
5 点之间的任务，如技术人员、应付账款部门、律师等。此外，我
明白，对于一些人来说，工作不是生活的中心。他们热衷于绘画、
拯救流浪的动物，或带着他们的摇滚乐队上路。传统工作只是他们
为他们真正关心的事情提供资金的一种途径。但是只要人们在工作
中尽最大限度的努力，我能接受他们真正的激情在别的地方。

有两点要强调。如果你是这 80％的人之一，你需要知道你在
任何一家公司的晋升机会是有限的（这是有道理的，当你身边的
人更专注于公司正在做的事情，并投入更多的时间时，怎么会有
人提拔你呢）。

激励其他 80% 的员工

所以我说，如果你尽自己最大的努力去做 80％的工作，那么其

他 80% 的员工只做 20% 的工作也是可以的。

那么，你应该怎么做呢？

你是领导者，责任在你身上。你需要让他们成为你团队的一部分，并使他们想要做一些比他们自己更伟大的事情，或者有比以前更好的表现。你必须让他们明白，没有任何伟大的东西是由懒散的人创造的。

想想一直以来的最好的领导者，无论是在体育运动中，如加州大学洛杉矶分校的约翰·伍登，还是在军事上的乔治·巴顿，[1] 或商业上的赫伯·凯勒尔。[2] 他们每个人都取得了比他们预想中更多的成就。

我知道这是我的目标，不管我是在领导公司还是在教书。在巴布森学院，我告诉我的学生们我的课将是他们上过的最严苛的课程，但我向他们保证努力工作是很值得的。课程可能最终会留给他们一个能带来成功的想法。

我对工作很努力认真。我早上 8 点上课，晚上 8 点准时锁好教室门。其他教授可能会接受你的迟到行为，但我不会（如果你想从后门溜进来，你的同学们会嘘你）。

通常，在巴布森学院，一个学生花费在家庭作业上的时间将和他花费在课堂上的时间一样。如果上课时间是 3 个小时，那么家庭作业也需要 3 个小时。在我的课程中，作业部分可以是课堂时间的

---

[1]　乔治·巴顿：美国陆军四星上将，是第二次世界大战中著名的美国军事统帅。毕业于西点军校。以作战勇猛，快速进攻闻名，在第二次世界大战中立下了赫赫战功。

[2]　赫伯·凯勒尔：美国西南航空公司创始人。

---

2 倍或 3 倍。无论如何，想出最佳解决方案的时间就等于你要花在我们正在研究的案例上的时间，因为你的分数的 75% 都是基于你对案例问题的回答而做出的。

为了说服我的学生做所有这些工作，我需要向他们证明，这样做不仅是值得的，而且会使他们成为更好的人。如果我不能，就没有人会为此买单。

我经常声明：按照我的职业道德，通过准备，我会将其他成功的企业家带入课堂，其中许多是前巴布森学生，他们强化了我的理念。

你需要不断地变得更好。

通用公司前首席执行官杰克·韦尔奇（Jack Welch）说："你每年都应该升级你的员工队伍，淘汰低端的 10% 员工，用更好的人员替代他们。"对此我完全同意。

现在，你不能脱离现实去做这件事；你和那 10% 的员工一起工作，看看他们是否能明显地变得更好。但是如果他们不能，或者如果你能找到一个能把工作做得更好的人，那么你就需要解雇一个做得不那么好的人。

这有 3 个原因。

第一，如果你不这样做，你就要向其他员工传达这样一个信息：不太出色的表现就可以了。

第二，他们可能会更乐意在其他地方工作，在那里，他们的表现将与其他人的一样。

第三，如果你不升级，你将会落后于你的竞争对手。

员工备忘录

我认为应该对员工保持完全诚实。不，这样做没什么好处。

向他们解释你对他们的期望，以及如何评估他们，这些是诚实的一部分。

这里有 3 点，我认为你有责任向那些为你工作的人解释：

1. 请记住，除非能帮助雇主实现目标，否则你的努力对雇主没有任何意义。你的尝试毫无意义，公司只关注你的业绩。

2. 你的公司雇用了你，公司可以用它的钱做任何事情——包括雇用任何其他雇员。对此，你没有权力干涉。

3. 你对雇主的价值只取决于你带给他收益的能力（"收益"，不仅仅意味着货币利润，而且还意味着对他和公司重要的一切）。如果对此有任何疑问，请参见第 1 点。

工作和生活间没有平衡

我知道这会使一些人胡思乱想，但我完全相信它。想把一件事做到最好，则需要辛勤的工作，需要花费时间和拥有奉献精神。如果你把所有的努力放在工作上，你生活中其他的一切都会受到影响。这是没有办法的，这就意味着没有工作与生活的平衡。

当我这样说的时候，对于那些一直热切地致力于建立一家公司，成为世界级音乐家，或者拥有世界上最漂亮的花园的人，他们都同意我的看法。

至于其他人，他们的回答往往分为 3 类：

1. 你是错的。
2. 让我的生命远离平衡，这并不适合我。
3. 围绕问题找出解决方法。

让我们一个一个来说。

对于那些告诉我我错了的人，我总是回答："你可能是对的。"所以，为了向我证明我的方式是错误的，那么请你告诉我你知道的 3 个人名，或者你读过或听过的 3 个人名，他们必须是成就很高的人，并且在其擅长的事情上没有花太多的时间。

到今天为止，没有人能给出这样的 3 个名字。

至于"这不适合我"，这样就很好。无论如何，在理论上，我都理解人们希望在他们的生活中找到平衡。如果他们能找到它，如果它让他们开心，那么我做的一切都是为了这个。他们只需要认识到，这将大大降低他们在任何一个领域成为高级领导者的机会。这不是批评，这是事实。

最后，你能找到解决这个问题的方法吗？你当然可以试试。举个例子，假设你有在商业领域我认为是世界上最成功的两个单独的目标——无论你为生活做了什么——你也是一位很好的家长。

你知道这将很难，但你是坚定的，所以你决定只在家工作（这会给你最大限度的时间和你的孩子在一起）。你每天都在四五点的时候起床，这样你就可以在你的孩子上学前完成一大堆工作。你会为他们准备早餐并安排好他们的一天，你会完全关注他们。一旦他们走出家门，你就会尽你所能地努力工作，因为你知道当他们放学时你的工作日将会结束（他们会参加体育锻炼，参加课外活动，完成所有的家庭作业）。

　　然后，也许在你让他们吃完晚饭，等他们上床去睡觉以后，你再多工作一会儿，睡上几个小时，然后再重复一遍整个过程。

　　如果你遵循这样的安排，你是否就达到了平衡？好吧，你已经做得很好了，但这仍然对你职业生涯的上升空间有一个限制。你将无法管理员工，而与工作相关的旅行也将会是困难的——或者是不可能的。因为这些限制，以及那些在抚养孩子和你所做的选择中暗含的限制——在事业上，你仍然可能会被那些能投入更多时间的人超越。

　　如果这就是你想要的生活，你的选择绝对没有任何问题，只是你需要理解这样做的局限性（顺便说一下，杰克·韦尔奇完全同意我的分析，并将其称为"工作/生活选择"）。

但我找到了解决办法！如果你想要有工作/生活平衡，就需要有一个支持你的配偶。

　　我认为确实有一种方法可以实现工作和生活的平衡：有一个配偶或伴侣去做你不做的所有事情。

　　我很幸运，我的妻子路易丝·格林（Louis Green），她做了养育孩子的大部分工作和全部的家务。她一直非常支持我，还经常对我的想法提出中肯的建议。

　　下面我来举一个小例子来说明这一点是如何发挥作用的。

　　当我在一家大型会计师事务所——德勤会计师事务所工作时，

我在孩子们起床上学之前就要离家，直到晚上 8 点才能回来。

为了确保我们有"正常的家庭生活"，路易丝会在下午晚些时候给孩子们吃一些零食，就是为了等我晚上回家一起吃饭。

很明显，想让这种安排奏效的唯一方式就是两个人都热爱自己在家庭里充当的角色。

这是否意味着在外担任部门主管的女性应该有一位家庭主夫呢？尽管女人们，特别是那些已为人母的女人们，更擅长处理这些琐碎的家庭事务。但是对于上面的问题，我的答案仍是肯定的。

我发现让工作和生活达到平衡的唯一途径，就是两个人把每一件事都做好分工。

不管你作出何种选择，都有局限性。我可以保证这个家有很好的物质条件，但我更希望成为一名了不起的父亲，特别是在家庭度假的时候，我不想有任何遗憾的事。当我的儿子乔恩·格林对我的孙子说"你真幸运，爷爷几乎参加了你所有的游戏，我小时候他就没有"的时候，如果说我心里没有一点儿不舒服，那是骗人的。

这不关时间的事

套用前加利福尼亚大学洛杉矶分校篮球教练约翰·伍登的话："你不要把参加活动和获得成就搞混了。"一个最简单的例子是，你每天上班不代表着你完成了所有的工作。事实上，你总是想着你究竟工作了几个小时，会把事情弄得更乱。时间不是关键，效率才是。做好工作需要的是什么？坚定地按照已经计划好的常规办事，直到它成为你的第二天性，这样才可以使效率最大化。

> 不要总想着你花费了多少时间，你完成了什么才是最重要的。
> 当你坐牢的时候，时间才是唯一重要的东西。

　　总的来说，你需要做大量的准备工作。

　　这正是我想传授给我的学生们的一堂课，让我来举个例子。

　　这件事发生在这学期的早些时候。我打电话和一名学生讨论指定给他的案例研究，他总是说："对不起，我还没有时间做准备。"

　　我会说："我不想听到你没有准备好这样的话，现在你可以离开我的课堂了。"

　　学生通常会感到很吃惊，他们常常会说："但是如果我留下来听课，我仍然可以从课堂上学到一些东西啊。"

　　我会说："我同意你的说法，但是如果你准备好了，你会学到更多的东西。上课的时候没准备好，这不是我们的做事方式。你先走吧，等准备好了再回来。"

　　我的方法似乎太严苛了——但我不这么认为。让我们来说说运动。教练在比赛前会让他的队伍做好准备。他们的做法就是，如果你没有参加训练，那就不能参加比赛。所有伟大的人物都会利用每一分钟做好充足的准备。他们很清楚他们想完成什么。

这儿有一个很好的例子。我参加了赛马。我有一个和我共同投资了几匹马的伙伴，叫博比·赫尔利（Bobby Hurley）。博比现在是亚利桑那州国家大学（Arizona State University）的篮球队主教练。1993 年，博比是全美联赛一线球队公爵队（Duke）的队员，曾 43 次进入决赛，1991—1992 年之间，他带领蓝魔鬼队（Blue Devils）连续获得全国冠军，并在 1992 年获得"四大杰出队员"的荣誉。

博比向我讲述了他们于 1992 年在参加全美大学生体育协会（NCAA）举办的八强赛时，公爵队在加时赛中获得胜利的幕后故事。

比赛刚刚开始不到 1 分钟，公爵队就掉了 1 分。教练迈克·沙舍夫斯基（Mike Krzyzewski）喊了暂停。他告诉他的队员们，他们会赢的。接着他概括下一节的战术。比赛接近尾声，格兰特·希尔（Grant Hill）突然越过全场，传球给了克里斯蒂安·莱特纳（Christian Laettner）。克里斯蒂安做出一个漂亮的跳投，帮助公爵队赢得了比赛。

这一切看上去似乎是不可能的，但是博比告诉我，他们已经练习过很多次了，所以队员们很清楚他们要的是什么。

沙舍夫斯基教练对取得成功有 6 步计划。我把它们转换了一下。除非你不想赢得比赛，否则你就要做好准备，特别是要做到：

1. 注意细节，这样一来重要的事情就会水到渠成。
2. 适应变换的条件。

3. 为了赢而去比赛。

4. 相信你的队员。

5. 做一个优秀的胜利者；做一个优秀的失败者。

6. 知道失败没有关系。只要你继续追求成功，从失败中吸取教训，这并不意味着你是一个失败者。

你充分利用时间了吗

让我们最后来谈谈如何最充分地利用你的时间。

会议也是一个混淆活动和成就的例子。有些经理每月要开一次员工会议，每周要开一次部门会议，每天还要"签到"，还要求下属要及时报告发生的情况。这些会议确实填满了你的日程表，但是没有太多的创造力，或者说你无法从它们中得到什么有用的东西。

为什么那么多经理都有开不完的会？

第一，对于很多经理而言，拥有众多出席者的会议只不过是他们卖弄权力的舞台。"当我打电话给他们的时候，他们就要乖乖地过来。"第二，如果没有了这种模式，很多经理和员工会什么也做不成。第三，有人曾告诉他们，领导的关键就是召开会议，所以他们有很多的会议。

我的看法是，如果有人认为经理必须要召开很多会议的话，那他真是大错特错。换句话说，拥有决定权的长官召开一个明确议事日程的会议，那才是真正有效的。

建立个人优势的 4 个关键

1. 每天早上第一个到公司。

2. 当工作日开始的时候，做好充足的准备去做到最好。

3. 每天下班最后一个离开公司。

4. 当你不工作的时候，思考是可以让你在工作中更出色的办法。

优先考虑

你是一个很难"充电"的"A 型"性格，相比而言，你更愿意专注于正确的事情。你自然而然地优先考虑需要完成的事，专注于更重要的事。

但是，你能帮助你的员工——尤其是那 80% 的员工——学会如何优先思考吗？毫无疑问你必须这样！

如果你在做一些没有价值的事，那就赶快别做了。

先从问"你在做什么""你为什么要做这件事"这样的简单问题开始。总的来说，你会发现他们在做没有价值的事，或者在做别人（你公司里面或者外面的人）可以做得更快、更节省、更好的事。

你也会发现，相比那些对他人有损害的事，人们更喜欢做自己喜欢的事。例如，销售人员更喜欢打电话给那些总是订购他产品的顾客，而不是去寻找新的客户。他们会不停地追求那些轻而易举可以得到的成果。

要改变这一点。公司发展的唯一途径就是获得新的客户或者向现有的客户销售更多的产品或者服务。你也许想激励人们按照你的方式去做。你可能想为每一个新账户提供资金（顺便说一下，这种方法同时适用于削减成本）。

雅芳拥有最成功的激励销售人员的方法。他们每年都会邀请他们的销售人员带着自己的家人来参加销售会议。表现最佳的销售人员将获得一次和家人一起前往的旅行。那些没有得奖的员工将会得到家人的鼓励，使其好好工作争取明年得奖。

我没有时间去管理时间

当我们开始努力工作时，总有人问我是否合理安排了时间。我不喜欢这样，我认为这反而是在浪费时间。使用这种时间安排的前提是一切都是可以预见的，你要知道你的一天——从你走进办公室到你晚上熄灯会发生什么，但是企业家的世界是不可预测的。

这并不意味着你对你桌上的每一件新事物都要立即作出反应，或者每次电话铃声响起时，你都要放下手头的一切。你总是需要集中精力完成你需要完成的最重要的事情。做到这一点，你可以通过委派他人、自动化功能、摆脱消耗你精力的部分工作等方式。你不能让紧急情况压倒重要的事；否则，你只会从危机走向危机。

然而，我完全理解人们为什么这么做。有人在大声叫嚷让你来处理他们认为需要立即解决的小危机。一旦你遇到这种情况，你就认为你已经完成了一些事情，但你真的没有。你只是回到你开始的地方，问题依然存在。

案例分析：里昂·赫斯（Leon Hess）

☑ 证明可行性

我不是想成为石油巨头赫斯，但他正是我们要谈论的案例。

你知道 H-E-S-S 代表什么吗？那就是"假期、每个周六和每个周日。[1]这个笑话用来描述他当总裁的时候再贴切不过了。赫斯认为他要完成这场竞争。如果他可以花时间去做那些事，你也可以的。

这个方法奏效了。他沿袭了经典的失败者的剧本。因为在开始的时候资源有限（他只有一辆帮别人运货的卡车），他必须用不同的方式做事。

> ➤ 那时的加油站是肮脏发臭的地方，但是赫斯加油站（还有他的浴室）却与众不同，员工都穿着白色的衣服。

> ➤ 其他的加油站都有修理仓，这意味着顾客并不是每次都能得到及时的服务。但是赫斯的加油站没有修理仓，这

---

[1] HESS: Holiday and Every Saturday and Sunday.

意味着它可以随时为顾客服务。

➤ 其他的加油站不会提供为客户检查汽油和气压的服务。但是赫斯的员工却会提供。

➤ 如果你总觉得加油站在收费的时候会欺诈你，你就应该不会去赫斯了。赫斯加油站每加仑汽油的价格总是会便宜几美分，部分原因是他们接受信用卡。

所有的这些都是有意义的，为什么在公司总部工作那么长时间呢？因为要想在竞争中领先，你就需要知道他们在做什么，这意味着要花很多时间去研究他们。一旦你发现了机会，你就想迅速地利用它。夜晚和周末的工作使赫斯能够与他的团队保持密切的联系，并给公司更快做出决定创造了条件。

把时间投入到这些地方是有回报的：

1. 吃饭（早餐、午餐和晚餐）对员工都是免费的。

2. 员工将得到纽约喷气飞机队（赫斯拥有该队）足球赛的门票。

3. 如果你或你的家庭成员生病了，你可以为他找到世界上最好的医生。

4. 长期留在公司的人会变得非常富有，这是因为股票期权随着公司的发展而变得更有价值。

赫斯方法对赫斯先生起了作用，该模型已成功地被其他企业家应用。

练习 6：赫斯

1. 你感觉赫斯文化怎么样？
2. 如果创造一个赫斯这样的企业，你会满意吗？
3. 你可以在那儿工作吗？
4. 赫斯的方法今天可以奏效吗？
5. 赫斯退休以后，这一切还能运行吗？
6. 赫斯还能想出其他鼓励员工的办法吗？

作为一个老板，你是不是一直在抱怨？

最后一点：有时人们担心如果要求每个人都做到最好，他们就会被视为"混蛋"。

这是公平的批评吗？也许吧。

你当然不想成为一个喜欢骂人的刻薄之人，但你确实需要完成工作，这可能需要一些人做更多的工作，做更多困难的工作，而这不是他们想要的。

反过来，这必然会导致一些人称你为"混蛋"，这真的很有趣。一旦工作顺利完成，人们取得的成就比他们想象的要多，他们往往会深情地怀念所有的"混蛋"，并感激他们的要求。

有多少球员在诅咒文斯·隆巴迪（Vince Lombardi）[1]教练和他的训练方法啊，他们总是在他背后管他叫"混蛋"。

隆巴迪带领绿湾包装工队（Green Bay Packers）多次获得世界锦标赛，而且队中的很多球员许多球员像杰瑞·克莱默（Jerry Kramer）、福雷斯特·格雷格（Forrest Gregg）、保罗·霍尔衣（Paul Hornung）、巴特·史塔（Bart Starr）都成为名人堂成员，他们称赞隆巴迪的执教方法，称赞隆巴迪发掘出了他们最大的潜质。

◇──────── 本章的 4 个要点 ────────◇

1. 努力工作是无可替代的。

2. 如果你想成功，艰苦的工作将主宰你的生活。真正的"工作／生活平衡"是一个神话。

3. 没有一个有趣计划的努力工作……只是努力工作。你需要知道你想要完成什么，并制定最有效的方法。否则，你可能是在浪费时间，或者更糟的是，走错了方向。

4. 你需要坚持不懈地专注于完成某件至关重要的事情。你不能让紧急情况压倒重要的事。

---

[1] 文斯·隆巴迪：美国橄榄球教练。

企业家的鲜明特点：善于发现机会

　　如何抓住机遇是企业家经营的秘诀，然而你不能闭门造车。你不能等待灵感到来，然后突然意识到："原来这个世界真正需要……"——不是这样的。

　　你该做什么？开始的时候，你应该在一个不熟悉的地方寻找机会去打开你的大脑。

　　你在那儿待得越久，你会变得越成功。当然，这对你来说会很难，因为你需要接受新的或者不同的思想，尤其有些观点和你看这个世界的方式不一样。当你遇到一些与你价值观不和的事时，你可能会说："这不是这样的。"

　　你会继续做你应该做的事，因为你认为："我做得好好的，为什么要改变呢？"

　　这种思考方式有 3 个问题。最明显的一个是："你不会完全知道现有的或将永远存在的所有事情。"

　　1. 即使你能掌控你所在世界的一隅，你周围仍然会有成千上万函待解决的需求。

　　2. 成功使你懒惰。如果你正在工作，那么思考会让你表现得更好、速度更快、更节省时间，且效率更高。

　　3. 万事在变。我们用一个特别好的例子来证明这一点。很可怕的一件事是：大家都开始了解录像机，但是数字处理器又开始发展了。所以，你要知道你的知识永远不够。

　　还有一个大问题，尤其是当你成功的时候，你这种思考方式会把自己困在一个小角落。我很确定，回想那段最长的时间，当时全世界都急于"创造一个大片之夜"（并且确实也是这么做的），那些处于录像租赁链条中的人知道关于影片租赁的一切事情，结果他们从来没想过别人会用他们没想过的方法去攻击他们和他们的市场。

　　奈飞（Netflix）[1] 做到了，而剩下的就成为了历史（就像大片一样）。

> 很多人都喜欢问投入，但他们只想听："你做得真好。"
>
> 不要成为那种人。

　　下一次当你要用"这行不通的"这句话否定一个新点子时，想想那些大片。然后仔细去证实这个点子，看它是不是真的行得通。

---

[1] 奈飞：全球十大视频网站中唯一的收费站点。

怎样提高你发现机会的可能

注意在标题中我没有提到的点。我没有说："读完这一章，你一定会找到机会。"不，这没有绝对，而且我没有向你们承诺要给你们提供一个可靠的公式去抓住机会。

一开始，寻找和你兴趣特长有关的机会是你的责任。其次，如果这既简单又吻合，那每个人都做得到。综合上述所说，当你寻找机会时，你要注意以下几个地方。

第一，开始于关键处。我们并不像我们想象的那么独特。如果你或者你的公司有问题函待解决，那么其他人或者其他公司也是这样的。例子随处可见。比如你的小孩不想吃蔬菜，所以你制作一个模具把它们变成可爱的形状，然后你突然开启运营推广你的塑料模具事业。又比如你的公司花大量的时间在各个网站上试图寻找便宜的昼夜船运公司托运特别的包裹，所以你发明了一个可以自动搜索并计算运费的软件。你就这样突然有了一个获益中心。

第二，挑战惯例。无论你依靠什么生活，你的事业一定要有坚定的、不可动摇的信仰（企业有自己的运转方法）。最好的例子就是西南航空公司（Southwest Airlines）。

在西南航空的案例发生之前大家都知道，如果你想创办一家成功的航空公司，你需要用一个中心发射模具从飞机场起飞，而且每个乘客都要有固定的位置。大家都知道飞行是一件严肃的事情。没有人会脱离固定模式去娱乐乘客或使飞行变成一种有趣的体验。

西南航空的老总忽视了这个常识。它的飞行路线是从一个点到另一个点，也没有固定座位。而且乘务员试图通过愚蠢的提问和另类的安全示范，给你带来乐趣。这家航空公司因此而兴旺起来。

如果你考虑用不同的方式接近市场，你可能会遇到一个机会。这是用不同的方法做事而带来的机会：

1. 升级产品（Upgrade）。 选择一个基础产品并且把它变得特别，然后通过增加附加值让它占据重要的市场份额。豪华轿车、星巴克咖啡和精美饼干就是简单的产品而被加值了。在不同情况下，基本概念是持续不变的。这只是因为产品的想象值被提高了。车不再仅仅是辆车，而是一个身份标志。买咖啡变成一种体验，而简简单单的饼干也变成值得享受的美食。所以被真正改变的是顾客对产品的感觉，它的价值标签也随之改变。

最好的例子可能是水。很难再想出一个多附加值的产品（比如百事可乐的饮料有多种口味，维他命水也是多种口味的水，等等）。

2. 降级（Downgrade）。 选择一个被赋予身份的产品，然后降低它的档次，使它仅有基础概念。例如，欧洲瑞恩航空公司除去了所有附加装饰，包括飞机票（不过，所有的航空公司都复制了这种模式）。如果现在你浏览超市售货架，你会看到所有有标签的食用油都在和百威及宝洁公司的克罗斯克竞争。

3. 套装销售 / 绑定 / 打包（Bundle）。 一些产品和服务都是不可分的。要把它们结合起来，而不是让别人分开购买付费。大多数人都使用手机、网络和电视订阅服务。所以，手机上的"三网融合方案"和有线电视公司就应运而生了。

4. 个体销售 / 拆分销售（Unbundle）。这就是我们刚刚谈到的绑定的另一种方式。问问自己有什么产品被精美包装之后可以单独销售。人寿保险是一个好例子。将防护和存储结合起来的企业惯例变成了企业基本政策。定期人寿保险除去了储存功能而仅仅提供保护服务，变得越来越流行。

5. 运输（Transport）。如果产品在这个地区销售，那么可以将产品运输到其他地方销售。

进出口商就是以此为生，但你不仅仅可以将法国白酒卖到美国新泽西州。比如欧洲和加利福尼亚，那些由于各种原因领先于世界其他地方而开始创造新产品和新概念。还有住在美国马萨诸塞州的印第安人驾车穿过加利福尼亚连绵起伏的海岸去寻找快餐、娱乐的新点子。还有什么呢？当你发现莫德斯托的工作方式时，为什么不把它也带回马布尔黑德呢？

6. 大众化市场（Mass-market）。尝试把在狭窄领域运行的点子运用到更大的地方，看看它是否有效。每个公司要将产品推广到全国市场。

7. 窄播（Narrowcast）。这个词是从电视界得来的。在有线电视发展初期，广播员认为他们不会有很多观众。电视台不但弥补了错误，还做成了这件事。这是通过"窄播"解决的。每个频道针对不同的群众播放不同的电视节目。如今我们可以看到有些电视节目只播体育和电影，而有些节目甚至只讲天气和历史。

8. 大局观（Think Big）。不仅仅只是一件商品，这需把一切有联系的东西都包含在其中。想想像劳氏和家得宝那样的装修公司。

9. 注重细节（Think Small）。虽然大型的商城，像劳氏公司可以提供更多的商品，但他们不能提供行家需要的挑选深度。当然，他们通常也不会有训练有素的员工去提取建议。而你在当地的小商店却可以在周围的区域里提供更多像橱柜、地毯以及瓷砖这样的产品，并且提出专业的建议和服务。

案例分析：R.C.比奇洛

☑ 证明可行性

纵观比奇洛公司的发展，这家大型的茶叶承接商揭露了一个问题：在寻找每一次机会时，都至少有一个主要问题需要克服。

第二次世界大战初期，露丝·坎贝尔·比奇洛（Ruth Campbell Bigelow）是一个成功的室内设计师。随着战争的蔓延，公司发展速度严重放缓。她和她丈夫大卫·E.比奇洛（David E. Bigelow）想要开一家更加稳定的公司。露丝喜欢喝茶，她一直对美国的茶叶质量很不满意。她发现18世纪有一种混配的茶，茶和橘子皮、香料混在一起，露丝和大卫决定发展这种混茶来销售。

这很明显是一个机会，是不是？但探索是一件不简单的事。开始5年的销售很难，但是比奇洛没有盯着消极的地方看，他乐观看待这个局势。在检查他们产品的销量时，他们发现美国康奈迪的"一件小礼物"商店的茶叶销量比其他地方的多得多。他们参观商店，看到老板打开茶罐，让客人去闻它的香味。很快，混配茶被分别装在小瓶子里单独销售。混配茶的销量由此飙升。

接下来发展的是餐饮服务，是向餐馆、咖啡厅、宾馆以及大学食堂出售。然而在本地扩张的结果并不理想。到20世纪70年代中期，餐饮服务已经少于总收入的 5%。问题就是比奇洛公司仅提供散装茶的餐饮服务，这就很难处理装在罐子里的多余的茶包。侍者每次取出的茶包都很不卫生，茶包也会很快变干，因为人们总是忘记把瓶盖盖在瓶子上。怎么解决这一问题呢？公司引进了一种密封的铝箔包装的茶包。

到 20 世纪 80 年代早期，由于三分之二的包装供应商关门，而其他的供应商突然疯狂涨价，混配茶的销售量骤停，价格上涨。所以该公司开始卖用纸盒装的铝箔包装茶包，这很容易放在超市售货架上。接着公司还引进了各种口味的茶，尽管可以说这是一种革命之举，但它真的起作用吗？打个赌！这个公司现在每年的销售量超过 100 万包。

练习 7：比奇洛茶

1. 你是否惊奇于比奇洛每次尝试扩张都会遇到问题？

2. 与此同时，公司也推行了甜品和咖啡，毋庸置疑主要收入还是来自于茶叶，这是一个好主意吗？

3. 这个公司应该发许可证吗？

4. 这个公司应该售卖花茶饮品吗？如果应该售卖，怎样使得它的产品区别于其他竞争者？

提升你的思维方式

知道哪些是该思考的地方当然是很有好处的。现在，让我们谈谈提高发现市场机会可能性的 6 种方法。

1. 寻找需要（Necessity）。这个老说法是正确的。需求是发现之母。令人惊奇的是这多么简单，当你出去工作或账单即将到期时，你突然发现一个机会。当你有个人需要时也是这个道理。你需要特别的饮食，但你在超市售货架上找不到你要的食物，甚至没有尝起来味道相近的食物时。于是你开始为自己制作食物。其他人也像你一样。突然你就有了已经蒸蒸日上的公司。非凡农庄的起步就是因为妈妈的儿子想要吃自然原料制成的面包。

2. 细心（Pay Attention）。劳伦斯·彼得·贝拉完美地诠释了，你可以观察发现很多东西，如果你是一个在 20 世纪 80 年代的妇女，只要细心，你就会发现化妆品公司不会给黑人妇女提供需要——那些肤色不同于白种人的妇女。例外的是弗洛里·罗伯特，他成功地开创了把化妆品卖给黑人的先例。

3. 放置意见箱（Bring Back the Suggestion Box）。有些人可能不知道什么是意见箱，所以我解释一下，它最基本、最传统的模式是为大众接受的。制作一个方形纸盒，这个纸盒是用来搜集顾客投入的纸片和雇员的有效意见。这是个很好的想法，为什么不让那些置身于工作之中的人来提出能改善工作的建议？我喜欢深入探讨这个问题。为了确保我能得到好的建议，我奖励了两个提出好建议的雇员的豪华旅游。有一年，获胜者为我们公司提供了详细的媒体战略的相关建议。我们一直在这块领域比较落后。这个战略性建议为我们带来一大堆顾客。

> 你越努力工作，你就越有发现机遇的好运。

4. 思考（Think）。我在别的文章里也提过这一点。但如果你给自己一些时间去思考一下，你会惊奇地发现你可以找到这么多机会。我在长跑和马拉松的时候不戴耳机，会带一支笔和一张纸记下所有一直涌入脑海的点子。再用 5 分钟冲澡，盯着窗外看一下。关掉办公室的灯，闭上眼睛，饭后吃药入睡。我不关心你做什么，只要你花时间思考就好了。

5. 没有傻瓜（No Negative Nellies）。如果你想让你的员工尽可能提出很多好点子，你需要支持他们。你没必要接受他们提出的点子，毕竟这是你的公司。但是你不能不理会他们像"傻子"和"有病"一样的建议。如果你这次这样做了，那么以后你再也不会得到一个好的建议。

6. 了解你的竞争力（Study Your Competition）。机会可以利用起来，并且想想你在哪些地方做对了，然后可以在这个基础上去提高。

感知问题

在你寻求不同的方式去做事时，人们总是会说："这样行不通。"如果你相信你自己是对的，那么你的思维会使你完成很多新的事情。

这很有趣。因为一旦有人做了什么不可能做的事，这洪水的闸门就会打开，突然间，大家都会去做这件事。

回想罗杰·班尼斯特（Roger Bannister）和他 4 分钟 1 英里的成绩。

在一段时间内，人们认为 4 分钟内跑完 1 英里是不可能的事。他们还指明科学报告说这不可能。每个人都知道这不会发生。

然而班尼斯特于 1954 年 5 月 6 日在牛津刷新了跑步纪录：3 分 59.4 秒。更有趣的是班尼斯特破纪录后的事。他的纪录只维持了 46 天。并且在 1 年内又有 14 个人在 4 分钟之内跑完 1 英里。而现在 4 分钟内跑 1 英里的情况是司空见惯的（现在世界记录是 3 分 43 秒 13，比班尼斯特少用了 16 秒）。

如果你给自己时间思考，你就可以想出令你自己惊讶的新观点，要确保你每天都有花时间学习功课。

重点是一旦有人打破节奏，比如"4 分钟内不可能跑完 1 英里"，就特别容易产生新事物。

有时它对感知没什么好处

对于人们而言，在自己熟悉的领域寻找机会是很自然的事情。大多数公司从这个方式着手。你看到你们公司没有把握利用好一个机会，而且你老板告诉你这不值得推行。你决定辞职单干。

其实你没必要这样做。事实上，进入你不了解的领域是有一定好处的。因为你不大了解其中的规则，所以你不会被困住。

这就是我们在蓝爵开始时遇到的情况。我们对宠物的食物不大了解，但是我们对零售业很在行，这多亏了在起步阶段积攒的经验。

不过更重要的是我们抓住了一个需求。比尔·布拉斯（Bill Bishop）老总的狗死于癌症。他强烈渴望寻求有抗癌成分的健康宠物食物，使宠物活得更久。宠物的主人们也在寻找更健康的食物给猫和狗。所以我们尽力在了解这个产业，并且想在改变公司现状的人中找出最聪明的。我们为他们提供责任、资金、股份及建立新公司的机会。比尔有创新改革意识，并且开创了鼓励员工提供建议和意见的风气。我们能够吸引到优秀人才来经营公司，即使我们在开创公司的时候，对宠物食物不大了解。

📋 案例分析：泰勒成为销售经销商

☑ 证明可行性

赛马公司是吸引人的一个例子。和其他只为了赚钱的产业不一样，赛马老板买马有很多原因。

1. 他们热爱体育运动，但没有资源买到一支专业队伍。

2. 他们喜欢作为业主的声望。他们喜欢看着马背备上马鞍，由赛马师指挥着来到主人的地盘。

3. 他们乐意带朋友到赛马场看赛马。

4. 他们发现，看着他们选的马奔跑，并用赛道的颜色为它们命名是件十分令人兴奋的事。

5. 他们喜欢自己的马有机会赢得比赛，并且享受接受奖励和被采访的机会。

6. 尽管他们只是马的主人之一，但他们可以和王子及百万富翁平等竞争。

7. 合法赌博使他们着迷。

8. 当然，这也是通过比赛获胜、卖马和用圈养马来赚钱的机会。

然而大多数的赛马者并不是势利的，很多人开公司还服务马主人。1976 年，乔·兰登泰勒和他的 4 个儿子邓肯、弗莱克、本及马克在肯塔基州成立泰勒经销商，他们很早就知道需要一直领先，从而获得收入。

以下是他们成功的秘密：

1. 首先，最重要的是：他们都是优秀的、有学识的赛马者。

2. 这个农场是全国领先的马匹经销商之一，他们不断尝试引进新产品和服务。当日本人和阿拉伯人开始对美国赛马市场感兴趣时，泰勒开始增加会讲这些国家语言的雇员。

3. 他们也是最先开始建设先进设施来训练马匹的公司之一。

4. 他们在畜棚里安装摄像头，所以马匹的主人们无论在哪儿都可以看到马。

5. 他还增加了赛马医生，使马在出售的时候表现出好的状态。他们还用电脑追踪和了解顾客的喜好（结果，当泰勒得到一匹和某位顾客之前购买的相似的赛马时，他们就会通知这位顾客）。

6. 他们注重服务顾客。

7. 他们对待顾客和员工像对待家人一样。

8. 他们像一家之主一样支持着重要的员工。

泰勒已经做了 40 年的生意了，一直是北美经销商销售冠军。想要理解泰勒为什么成功，他们的宗旨很好地体现了这一点——好人、好马、好骑手。他们通过诚实和透明交易建立个人持续良好的关系。泰勒总是启发骑手发现更好的方式。他们对待顾客和团队成员同对待家人一样。他们启发人们发现他们的文化，用一种全面的视角来看待每个人。

练习 8：思考泰勒所做的

1. 增加各种服务会使农场业务不专一吗？

2. 相反，可以增加什么来维持竞争力？

3. 农场需要增加个人服务满足更成功的顾客吗？（如任命私人飞机接送着陆）

4. 农场需要给优秀顾客派遣个人代表，并且一天至少用 7 个小时帮助他们吗？

5. 多方投资有意义吗？需要为马选择良种吗？是，为什么？

否，为什么？

　　6. 如果他们进入养殖企业，他们会如何用有限的预算，用公牛做繁殖？

　　7. 他们应该创立自己的拍卖公司买卖马匹吗？

　　8. 泰勒的 4 个儿子应该在什么阶段开始考虑接班计划？

◆—— 本章的 4 个要点 ——◆

　　1. **系统运营公司的每一部分，包括如何抓住一个机遇。**不要让它或者其他任何事情都听天由命。

　　2. **每天花一些时间寻找机会。**

　　3. **当你寻找机会时，要和家里保持联系。**如果你有问题需要解决，别人也一样。

　　4. **以不同的方式思考。**检查你要参与产业公司的运转方式，并且寻找挑战惯例的方式。

成功的企业家不是冒险家，而是谨慎
的冒险家

有个问题很多学生都回答错了，你们可能也会这样（不要感
觉不好，只是每个人的回答都不正确）。

真的吗？企业家的第一品质是什么（提示：如果你仔细看了
准则 5，你会知道答案）？

我向我的大多数学生提出这个问题，他们通常会回答："企
业家是冒险家。"

企业家的第一品质是："企业家必须是谨慎的冒险家。"冒险
家和谨慎的冒险家之间的区别可以决定成败。

冒险家把什么都赌上了。如果他们失败，就会完全输了。
这种方式使他们不能继续生存，他们可能毫不夸张地说会死于
光荣。

优秀的企业不会这样做的。他们走的每一步都会想办法降低
风险。他们跟随行动—学习—构建—重复模型，这一点我们在准
则 4 已提及，他们积少成多地实现梦想。在他们每走出一小步之

前，他们会找到一种方式降低投资风险，实现长远发展。他们会问："我怎样可以少用钱实现这一步（或者用别人的资金）？我怎样可以更快地实现这个目标（怎样做可以投入更少的时间）？我怎样可以做得比我最初的计划更好？"

确实是，在你开始第一步前，这个过程很漫长。

➢　其他人做对了什么？

➢　其他人做错了什么？

让我们从头开始。在你开始着手准备新产品和服务之前，不要只看那个你打算要去专注的具体领域，而要放眼整个产业，以便能够选择一个你擅长的领域（你可以看出来为什么这条准则——针对于降低风险，紧随上一条准则，即善于发现机遇）。

不，在你进入市场之前，你永远不知道市场上真正发生了什么。不，你不想做太多的调研，因为你不想在你做研究的时候错过潜在机会。但在你投入时间和金钱之前，无论是单凭你自己，还是组建了一个了解行业的团队，你确实需要对市场竞争有透彻的了解。

几乎当我每次说这些的时候，人们就立刻跳出来说竞争有何不对，以及他们错过了什么机会。事实上，这是非常重要的事情。你要发现他们可能忽视的或者做得不周到的部分。在之前的准则中，我们讨论了升级、降级和捆绑等手段的重要性，它们可以给你很多帮助。

你要做的是找到不同的方法。

降低风险

如果你要和别人做生意，我们在准则 4 中提到的行动—学习—构建—重复模型是一个很好的方法，它可以降低创建新公司时伴随的风险。

但即使你完成了第一个步骤，创造出了新的东西，你也可以做很多管理性的工作来进一步降低风险。对于你们中的一些人来说，下面的建议看起来简单，但你会惊讶于有多少人没有采取以下 4 个步骤中的一个：

1. 建立一个提供税收和业务灵活性的企业组织 / 实体保护你的资产。我通常建议有限责任公司的人不要把债权人放在你的个人资产中，这将导致你创业失败。

2. 有责任保险。

3. 如果你有合作伙伴，则应该创建操作协议，涵盖的业务应包括：去世、离婚、身患重病或不再从事商业活动。

4. 建立买卖协议。对有价值的公司应统一标准。我建议协议评估必须由专家拍板。

这 4 个简单的步骤大大减少了风险。

重要提示： 当这项冒险刚刚开始时，要起草这个协议。这将更容易使大家都同意，因为没有人会知道谁可能会在未来受到影响。

例如，你经营一个小型的五金店，看到家得宝和睿狮公司搬到了你附近。不要说"我们完蛋了"，你应该去真正研究他们的商店。如果你这样做了，你会发现他们的经营模式可以用来对付他们。当然，他们几乎什么都卖，但是在他们的销售空间里找一个特定的项目是非常困难的，他们的服务是很好的。如果你有一个乐于助人的员工把大多数事情都处理好，并把公司当作他的家来享受，你更要继续这样做。

　　别忘了看看竞争对手在做什么，这是降低风险的另一种方法。也许有一种方法可以证实他们已经取得了工作成果。这是我们在蓝爵宠物食品公司的强项之一。我们现在有超过 600 种不同的产品。大多数创意来自于我们的首席执行官比尔·毕晓普（Bill Bishop），他也是索贝（SoBe）饮料的经营者。比尔总是关注着竞争对手。虽然我从未停止过计算，但我的猜测是我们新产品的大量想法来自于对竞争对手产品的改进。

　　例如，蓝爵看到一家较小的宠物护理公司在出售一种新的用木屑制成的猫砂。我们开始接受使用木头这一思路，并开始尝试使用碎核桃壳，最终这被证明是一种优秀的除臭剂。我们以核桃壳为原料制成的猫砂使我们成为一个强大的卖家。

　　降低风险应该是公司战略的一个组成部分。

　　我不能从一开始就告诉你，那些在成长过程中对这一点毫不在意的公司总要在最后面对这种忽视带给他们的不利。

　　人们常常反对别人先拥有的想法（然后改进），这是愚蠢的。如果你的意图是减少失败的机会，你为什么不想借用一些已经被证明是成功的案例，并利用它的优势来改进它呢？在蓝爵的案例

中，一旦我们证明了已有的想法，我们就可以将产品插入我们的分销网络中。商店总是在寻找新产品。蓝爵不断增加新的产品进行销售，还不断扩大货架空间。

> 你不能以为你什么都知道。如果你这样认为，它就会削弱你的公司。

如果你的想法帮你解决了客户的需求，你就不必在意这个创意是从哪里来的。这个想法是要始终提供新的产品和服务，所以要尽可能简单、廉价和小风险，同时，应提供客户欣赏价值。

有危险的仅仅是钱

当我们谈到风险最小化时，人们会立刻认为我们在谈论降低他们投资的风险。虽然这很重要，但是当你投资新项目时，还需要考虑其他 6 个风险：

1. 时间（Time）。时间是有限的资源，所以你要尽可能地保护你的时间。如果你有 1 美元，这将是"可以接受"的损失，如果风险不解决，你也希望有一个时间限制。你需要说："我愿意用 6 个月去实践这个想法，看看它是否有效。在那之后，我要尝试其他的东西。"

2. 错失良机（Missed Opportunities）。如果你要开始创办企业 X，你不可能在同一时刻创办企业 Y，但 Y 可能是一个更好的主意。在商学院，这样的概念被称为"机会成本"，即没去追求其他东西的代价。你要注意你选择不做的事情。你也要认识到另一种形式的机会成本：市场不会马上给你回报。别人可能会实现你的想法。那么，不行动就要付出代价；你可能会把一生的时间花在你讨厌的工作上，因为你错过了一个大好机会。

3. 职业声望（Professional Reputation）。我们都有职业声望，虽然当你刚开始工作时，它可能是非常小的。正如我说过的，如果你的想法是值得的，你有足够的决心去做，你从经验中吸取了教训，那么你的失败就不算是失败。如果你做了这 3 件事，那么失败就并不是致命的。但是，如果你没有预见明显的问题，或者不能节约资源并正确使用它们，那么失败就会在将来严重伤害你。你可能会发现筹集资金甚至比获得另一个机会要难得多。损害你的职业声望可能是一个巨大的损失。

4. 个人名誉（Personal Reputation）。你不希望你的新公司成为一个尴尬的存在，它可能会影响你的自尊或不能真正代表你是谁。这种损失类似于失去专业声誉，但实际上它更接近于家庭和你的关系。与你身边的人或你的宗教团体或公民团体失去亲密的关系，可能是毁灭性的。它不可避免带来失败的尴尬和社会心理问题。此外，我们都清楚，你的风险资金的主要来源很可能就是你的家人和朋友。你当然不想浪费他们的钱（和恩惠），特别是如果这些东西来自你的姻亲。此外，你花费在新企业上的时间将使你远离你所关心的人，所以你想非常谨慎地选择，无论你打算做什么，都要使消耗的时间物有所值。这就引出了我们的下一个问题。

5. 关系（Relationships）。任何新事物都会在情感上和经济上产生压力。压力很容易波及到你和你的配偶以及孩子的关系。

6. 你的健康和理智（Your Health and Sanity）。我希望我在夸大其词，但其实我没有。如果你不小心，启动新业务的压力可能会危及双方。

最后，我们讨论钱的问题。显然，你从不想浪费它。这就是为什么你在开始投资之前要做调研以确保有机会成功。这就是为什么一旦你开始投资就要谨慎行事，以确保不会偏离航向。

再说一次，你只能去投资你和你的其他投资者能够承受损失的项目。但是这是一个巨大的项目，如果情况允许的话，你需要有一个 B 计划来筹集更多的资金。

有 3 种常见的情况可能会导致你需要更多的钱：

1. 这项冒险花费的时间比你想象的要长。这就是为什么我建议你要有预算，如果你在第一年没有收入，那么承担这一切最终的耗资将超过你最高预算的 30%，因此你要有一个坚固的安全网。

2. 你离得很近，你走对了路。所有迹象都是积极的，但你需要更多的现金来突破。

3. 事情进展得比你想象的好，他们要求更多的产品和比你预期的更大的订单。你从来都不想说："我很想这么做，但我就是没有工作资本。"

案例分析：比萨

你越看数据，越是相信你是对的。

➤ 美国人每秒要吃掉 350 多张披萨。

➤ 93% 的美国人至少每个月吃一张披萨。

➤ 披萨是一个价值 30 亿美元的产业。

➤ 和其他的餐厅相比，越来越多的人选择经营披萨店。

➤ 披萨占食品销售总额的 10%。

你要考虑清楚，如果你进入披萨市场，拿什么来降低你的风险？

练习 9：比萨

1. 地点是决定开餐馆的最重要因素吗？

2. 你真的要做零售生意吗？是，为什么？不是，为什么？

3. 你是要坐在办公室里，还是要出去服务客户？

4. 如果你决定不做零售，你将如何面对销售量？你要把产品卖给谁？

5. 你会如何定位你的产品：高档（美食），或低档（99 美分 1 张）？换句话说，当你想到它时，披萨是一种商品，还是一种饮食体验？

6. 你打算多卖一种披萨饼吗？

7. 你也要提供意大利食物吗？是，为什么？不，为什么？如果是，你打算怎么卖：只在店里卖，只做外卖，或是二者皆可？

8. 你打算购买特许经营权并出售特许品牌的披萨吗？

9. 为你工作的人有多重要？为什么？

10. 你们有送货服务吗？

11. 你打算如何改善买方的客户体验？

这是一个很好的练习，因为在这一点上，你应该"与你开始阅读前的想法不同"。你知道发生了什么变化吗？

你想的越不一样，养成的习惯就越多，成功的机会就越多。

你确定要那么做吗

有一种减少错误的方法是从一开始就不犯错误。有一个好办法就是让你的员工和顾问对你想做的东西进行诚实的反馈。

我们都说我们想要得到诚实的反馈，但是我们大多数人都没有得到。正如我们之前所说的，我们希望人们告诉我们，我们的最新想法就像我们所有的想法一样，都是完美的。显然，情况并非总是如此。

鼓励人们在他们认为你走错了路的时候大声说出来，并在他们提出合理的关注和反对时给予奖励。你不必接受他们的建议，但你最好考虑一下他们的反对意见。人们在认真思考之前，很少会告诉他们的老板，他错了。

◀━━━━━━━━━ ○ **本章的 4 个结论** ○ ━━━━━━━━━▶

1. **规避风险**。很多人有一个最大的误解就是创业企业家是风险承担者。然而他们不是，他们是计算相关风险的人。

2. **不要拿自己的前途冒险**。风险承担者通常是不成功的。原因很简单：留给他们的机会太多了。

3. **记住：金钱是组织运转的燃料**。当你开始时，要确保你有足够的钱，然后小心地管理你所拥有的东西。

4. **接受诚实反馈，尽量减少风险**。如果你拥有一个企业，我强烈建议你创建一个顾问委员会（我们将在准则 9 中讨论一些问题），并授权所有员工告诉你什么时候会做错什么或者什么时候他们有更好的主意（为他们的坦率而给予回报）。

你——对，就是你——一定要有顾问团

下面的反应听起来耳熟吗？

我知道我应该有一个顾问团。然而，在 1 周工作 90 个小时后，我知道这段时间有多长了，最后我的公司成功了，你想让我把那些不了解我业务的人介绍给我吗？你想让我明知他们在游戏中没有真正的价值还要为他们的意见买单，接着还要在知道下面这些事情的前提下思考他们所说的话：

> ➤ 如果是站在我的立场上，他们举步维艰。
> ➤ 一旦走出我的会议室，直到下一次会议，他们连一分钟都不会花在思考我的业务上。

有顾问团吗？没有，谢谢。

很多企业家都有这种感觉。他们错了吗？如果你能想象出这样的画面，半吊子的顾问或退休商人除了给你提供陈词滥调的建议之外也没有别的事情可做，那么你大概不会错的。

但是你为什么会让这样的人组成董事会呢？

在我们详细解释为什么这是一个好主意之前，先退一步，讨论为什么你会需要顾问团。

你为什么需要一个顾问团

企业家不愿意改变，尤其是他们已经取得了成功以后。当事情最终进展顺利时，他们往往环顾四周，说一句："一切都很好，没有理由改变任何事情。如果它没有变糟，就不要修理它。"

那会有什么问题呢？会有很多问题。

首先，无论你喜欢与否，情况都会发生变化。新的竞争者将进入你的行业；经济将陷入困境或起飞；你最重要的客户可能在一觉醒来之后决定要和别人去做生意。很少有事情在你的控制范围之内。

第二，当事情进展顺利或更糟时，你会陷入一种墨守成规的状态，你可能会感到疲倦。每周工作 90 个小时是很累的，而且"只"工作 60 次，甚至 50 次，现在事情进行得很顺利，就更愉快了。一旦你做出削减的决定，事情就开始从裂缝中溜走或下降，新的项目要花费更长的时间来实施。

第三点与第二点直接相关。当你没有花时间去认真研究竞争对手在做什么和客户想要什么样的东西时，新的想法就更难出现了。

结论：如果你一直用你的老方法做事情，那么你的商业就会开始下滑。或者，当你在成长中开始遇到问题——你从来没有面对过的问题时，你意识到如果能与那些成功的人讨论这些挑战，并能充分解决它们，这将对你有益。

以上这些改善方式的出发点是你需要一个顾问团。他们可以让你专注于那些重要的事情。

现在，让我们回顾一下他们可以帮助你的地方，以及顾问团的组成和工作细节。

你到底在干什么

你总是想要得到诚实的反馈。当然，最重要的是你的想法在大部分情况下是好的，你应该把它们记下来，但每个人每隔一段时间都会犯一个大错误，如果你做得足够好，你肯定会去阻止它发生。你希望你的员工告诉你什么时候你的想法不是最好的。

1. 但这未必总会发生。

2. 鉴于你的员工为你工作，你可能倾向于低估他们的观点。结果是，你得不到你想要的反馈。

这是一个好的顾问团能派上用场的地方。

我想弄清楚这件事。你想要你的顾问团的反馈和想法，但是你有最后的决定权。

你总是想把自己和那些有不同观点的人聚在一起

你处理董事会反馈的方式应该与你在生活中其他地方的处理方式相同。如果你认为这是有道理的，你就接受建议。如果你觉得他们没有道理，你就不必接受。显而易见的有利条件是，如果你有一个好的顾问团，你会得到很多你从未想过的建议和想法，以及不同的观点和其他方法来解决你所面临的问题。

📋 案例研究：西部建设

如果有一个顾问团能起到帮助，那就是它了。28 岁的杰瑞·韦斯特（Jerry West），即将从巴布森学院的 MBA 课程毕业（成绩优异），他有两个工作机会。其中一家是总部设在休斯敦的跨国公司，起薪为每年 80 000 美元。另一家是来自旧金山的规模较小但发展迅速的特色食品公司。他们将以 70 000 美元的价格雇用他，他们说道："你可以在你的天赋允许的范围内升职，速度也快。"杰瑞刚结婚 6 个月的新娘说，她会让他决定他们将住在哪里。她是一个初出茅庐的天才画家（来自西海岸的一个大城市女孩），所以她更喜欢旧金山。

毕业后，这对夫妇出发去犹他看望耶和的家人。他的父亲在犹他州拥有一家价值 1 000 万美元的建筑公司，杰瑞从 14 岁起每年夏天都在那里开心地工作。他的父母（指着建筑处）偶尔会发表评论说："总有一天这一切都会是你的，杰瑞。"但这句话却从未听杰瑞说过。

他爸爸 60 岁了，身体很好。杰瑞的两个兄弟姐妹对接手这项业务没有兴趣；一个在摇滚乐队里玩，另一个待在家里。事实上，他的爸爸也没有提到任何关于杰瑞接管的事，他们并不指望他来接管公司（这就是他当初决定去商学院的原因）。

这次看望改变了一切。他的父母告诉他，公司的二把手——他的叔叔退休了，"你加入公司的时机到了，你要开始准备接手了。"他父亲说，"是时候把缰绳交到你手里了，但是没有固定的时间。"很明显，他的父亲希望在研究后做出离职决策。虽然杰瑞从两家其他公司得到的报价肯定是"非常高"，但他的父亲说："你不能指望从这些工资开始。也许我们的工资可以高达 60 000 美元。"

更复杂的是，杰瑞的父母打造"公平的"模式，所以"暂时"，他的父亲将拥有 50% 的股份，他的母亲将拥有公司股份的20%，而 3 个孩子将分割剩余的股份。杰瑞真的很喜欢建筑事业，但是还是要考虑这件事的可行性，因为他的妻子很讨厌生活在犹他州。

练习 10：西部建设

1. 杰瑞应该加入这个行业吗？

2. 独立的顾问团可以提出以下哪些建议：

　a. 几年前的杰瑞的父亲

　b. 几年前的杰瑞

　c. 现在的杰瑞，让他对公司感兴趣

　d. 改变了所有者结构

　　e. 一份关于结构的报告

　　f. 对杰瑞和他的父亲而言，什么是可以接受的

　　g. 整个西部家庭帮助他们处理所有这些的情绪部分

　3. 对于杰瑞、他的父亲、妻子和她的事业以及家庭而言，杰瑞有什么能双赢的解决办法？

社交网络

　　董事会上的人，除了能够聪明地、创造性地解决问题外，还应该有所成就。他们应该取得了一些成功，在工作中遇到了很多聪明又有才能的成功人士，并且能够把你介绍给他们。

　　假设你正在寻找额外的融资，而银行却收取太多的利息，并对担保物提出不合理的要求。当你把你的顾问团带到这个挑战的最新阶段时，如果他们中的一个说："你知道，那天我和老弗雷德共进午餐，你们是弗雷德公司的成员，对吗？当老弗雷德公司上市时，他赚了一大笔钱。他告诉我，他希望开始支持像这样的新兴成长型公司。我们需要的 1 000 万美元是他所希望的投资规模。如果你同意的话，我会给他打电话介绍你们两个。"

　　或者你正在考虑扩大国际业务，你真的不知道如何去做这件事。接下来，你希望你的董事会里有人能够处理完全相同的问题。同样重要的是，他们愿意与你分享他们的"社交网络名单"，向你介绍你可以在海外访问的专家。

指导

我们都时不时需要帮助。对一个企业家来说，最大的挑战之一通常是继任计划，它通常被置于企业家"待办事项"清单的底端。一个企业家在 60 岁或 70 岁的时候醒来，发现他们真的没有继承计划，这并不奇怪。

你的董事会可以在这里给你一个巨大的帮助，但只是不断提高会议的主题，并提醒你需要做的事情。即使是——如果没有其他原因——你希望他们停止窃听你，你也会解决这个问题。

但或许顾问团扮演的最大角色是 CEO 能与之交谈的人。高高在上真的是孤独的，如果有人来讨论你的想法，或只是有人与你讨论风险，这都是无价的。

你的员工、家庭和董事会是可以提供帮助的另一个方面。如果老板试图给他们反馈，有些高管会感到慌乱。他们非常关注这样一个事实，即如果是发工资的人提供建议和批评，他们就不能完全专注于建议本身。你的董事会成员，而不是你的指导员，他们可以帮助你很多。

他们所能做的另一件事就是为你的家庭成员做一名导师。不管家庭成员是否是你生意的一部分，这都是事实。显然，如果是这样的话，可能会有与业务本身无关或根本无关的冲突。和你的配偶、兄弟、姐妹或父母一起工作可能很困难。来自外部的人则能成为指导员。

你的孩子如果参与这方面的业务，你的助手可以作为他们的导师。每一位家长都很难做他们孩子的老师，孩子们并不总是听父母的话。他们可能会关注你顾问团的一位有成就的成员。

董事会的组成

奠定了基础之后，让我们花些时间来讨论这一切是如何运行的。最基本的问题是：你的董事会都应该有谁？

让我以否定的方式开始我的回答：不要让你公司的会计师、律师、高级管理人员或银行家进入董事会，因为他们都想通过取悦你来获取他们的利益。他们要对你负责，是因为你给他们工作和收入。你总是可以选择另一个会计师（或会计师事务所）、律师或银行家，他们知道这一点。他们可以带给你利益，让你快乐，因此也有潜在的利益冲突。

是的，你希望你的公司有一个会计师、律师和银行家，但他们不应该在你的董事会里。他们已经在给你建议了。

如果不是这些人，那应该是谁？我将用一句简单的话回答那个问题。首先，让我提出一个重要的问题，那就是成立一个顾问团会对你更有利。

他们乐意为你服务

与公开上市公司的董事会对股东负责有所不同的是，这是一个咨询委员会，只对你负责。这意味着你可以随时解雇他们，如果他们没有价值，你就应该这样做。

他们提供给你不想接受的想法和没价值的想法，这两者是有区别的。但是在一段合理的时间后，如果他们毫无价值的事实越来越清楚，你就可以开除他们了。

那么，什么类型的人会增加价值呢？我要求董事会成员：

> ➤ 是诚实的。
> ➤ 能独立解决问题，有我认同的价值观。
> ➤ 乐于学习行业知识。
> ➤ 有可能具备社交网络。
> ➤ 可以提供财务帮助（个人，或可以引荐他人）。
> ➤ 对董事会工作有热情。

程序

让我们来谈谈这是如何在实践中发挥出来的。你可以任意设置董事会，但我可以向你分享那些对我有用的东西以作为参考。

我愿意让我们的董事会每个季度开一次会。我们最频繁讨论的是日常的细枝末节，如果我们不处理这些小问题，它们就会变成大问题。

家庭成员应该在董事会里吗

我知道有些人不同意，但我认为你的配偶和孩子们作为顾问团的一部分是很重要的，即使他们本身并非公司的一分子。因为企业对你来说是如此的重要，间接来说对他们也是如此，所以他们应该参与其中。

我坚持他们在开会时应遵守规则。董事会会议不是讨论家庭问题和冲突的场所。他们应该参与其中来更好地了解业务，并提出有关生意的问题。

你的董事会应该有多少人？我发现在 6 ~ 10 人之间的某些公司工作得很好。更重要的是，如果成员过多，它可能变得很笨拙；其次，你不会收到不同的意见。

谈到多样性，我认为这是极其重要的。有些人认为他们应该有董事会成员来弥补他们的弱点。如果他们是市场营销人员，那么他们会专注于财务和技术方面的董事会。我认为这是错误的方式。

当你创建一个顾问团时，你正在建立一个团队。所有团队建设规则均对它适用。

那么，当我选择我的董事会的时候，我在寻找什么（除了聪明的和有创造性的问题解决者）？我想要一个有计算能力的冒险者和保守的人来帮助我们。他们必须有广泛的商业经验吗？嗯，这很有帮助，但并非总是必要的。例如，早些年，拉比·杰克·罗瑟夫（Rabbi Jack Rosoff）是我的顾问，因为他有独特的敏感和控制冲突管理技巧，他曾是一个牧师。

如果你知道你的业务将朝一个新的方向发展，你将在不同的领域购买一家公司，或者如果你的董事会成员在这些领域有专长，你将在国际上扩张。这是必须的吗？不是。你会惊异于你的董事会成员的人脉有多广。

他们不一定是你所从事业务的专家，但你确实不仅需要不同的观点，还要产生更多、更好的想法。这些想法会向你的员工传达积极的信息。如果你的董事会上有年轻人和女性，这对你的公司中的年轻人和女性来说是很重要的。

让我们来讨论当董事会成员真正聚集在一起时会发生什么。

他们为什么要为你服务

考虑到他们是有成就的个人，在你想要雇用他们的时候，他们会有很多的要求。在你的董事会中，你必须想出一个好理由，也许不止一个理由来解释他们为什么要这么做。

毫不奇怪，这一切都与马斯洛的需求层次（Maslow Hierarchy of Needs）有关：

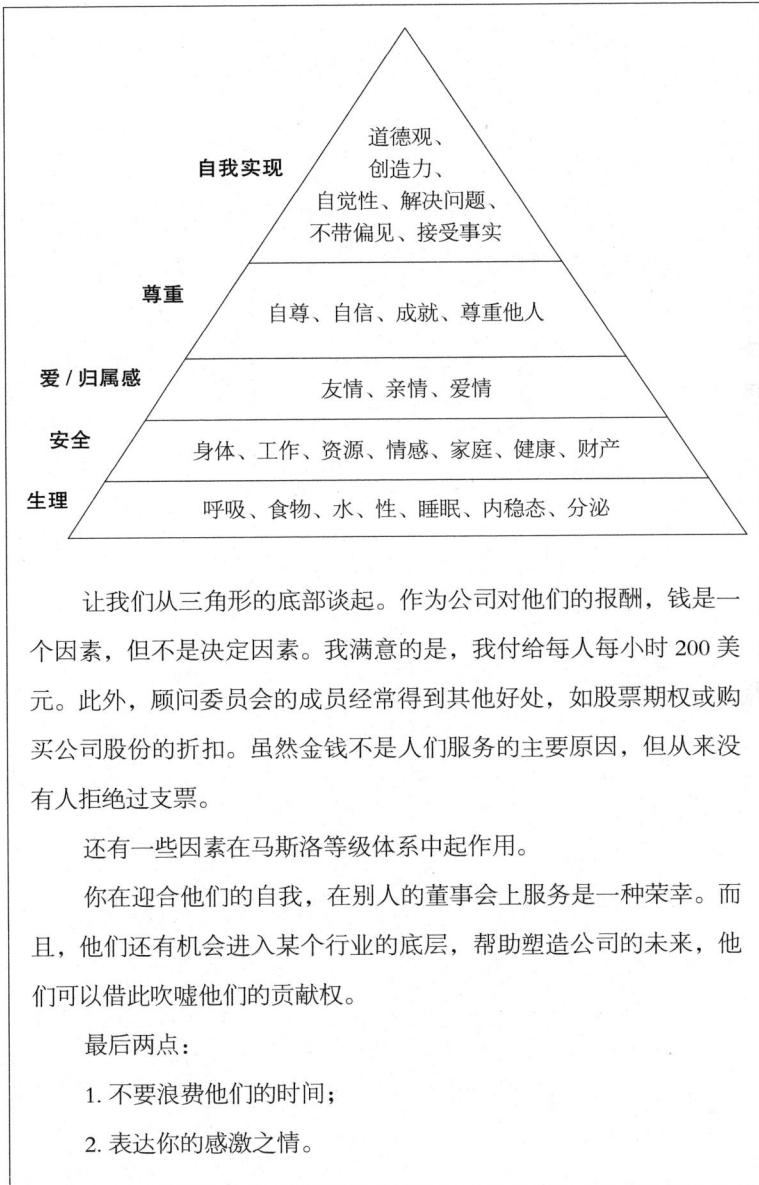

让我们从三角形的底部谈起。作为公司对他们的报酬，钱是一个因素，但不是决定因素。我满意的是，我付给每人每小时 200 美元。此外，顾问委员会的成员经常得到其他好处，如股票期权或购买公司股份的折扣。虽然金钱不是人们服务的主要原因，但从来没有人拒绝过支票。

还有一些因素在马斯洛等级体系中起作用。

你在迎合他们的自我，在别人的董事会上服务是一种荣幸。而且，他们还有机会进入某个行业的底层，帮助塑造公司的未来，他们可以借此吹嘘他们的贡献权。

最后两点：

1. 不要浪费他们的时间；

2. 表达你的感激之情。

会议怎么起作用

我建议使用下面的大纲，以便最大限度地发挥董事会的好处。

大约在会议开始前 1 个月，董事会成员将得到一个包含上次会议记录的文件袋，还有一张便条，询问他们这次将讨论什么话题。如果他们没有什么特别想讨论的，我就制定一个议程。如果他们有具体的问题，我会确保他们的问题得到解决。我还提前询问他们需要什么信息（财务、前景预测、策略等）以便他们能在会议上做出切实的贡献。

他们大约在开会前 10 天得到议程，所以他们有时间准备。根据需要讨论的事情，会议要持续几个小时，通常分为 3 个部分。

1. 业务。讨论他们提出的问题，再加上我希望他们所给的建议。

2. 指导。谁需要公司内部和外部的帮助（我们将制订一个时间表，董事会成员可以和这些人一起工作）？

3. 社交。会议前一晚或会议结束后总会有一个晚宴。我们每年会在度假的地方或其他一些好的场地举办会议，鼓励顾问团的成员带上配偶。顾问团是一个团队，社交是一个很好的方法，这可以尝试建立成员之间的密切联系。

本章的 4 个 要点

顾问团有很多优点。如果你只记得这 4 点，就会做得很好。

1. 诚实的反馈。当你询问员工们的意见时，他们告诉你真相，全部的真相固然是好的。但对于那些拿你薪水的人来说，这并不是常态。你的顾问团不会出现这样的矛盾。你虽然给了他们钱，但这不足以让他们用更委婉的方式提出他们的意见。

2. 网络。理想的情况是，你的顾问团知道谁可以帮助你实现业务增长（这是你寻找董事会成员的一个条件）。

3. 意见和解决问题。你总是要考虑不同的观点和不同的解决问题的方法。你的顾问在这时会成为一个有力的助手（如果他们不给你新的观点，他们就不应该留在你的董事会里）。

4. 指导。你可能在某些方面需要改进，你的董事会以及与你一起工作的人可以帮助你。

调研市场，缩小范围，行动

亨利·福特（Henry Ford）曾经说过："如果你问那些拥有马车的人想要什么，他们可能会说想要一匹跑得更快的马。"

这是一个好观点。人们并不总是善于想象出他们需要的新产品。为他们创造替代方案是你的事。

问题总是一样的，无论你是一个几乎看不出从几岁开始第一次创业的人，还是一个成熟的企业家：

1. 你怎么知道你真的有一个好主意？
2. 你怎么知道这个主意绝对是最好的方案？

令人惊讶的是，你发现两种情况下的答案都是一样的。

不变的是，如果你在或者曾经在一个大公司，你的第一反应是一直研究问题，直到确定它是最好的想法。你将调查市场，阅读每一份分析报告，拜访数以百计的潜在客户。只有这样，你才能想出一些原型或模型，让你接受无休止的市场调研和焦点小组。

　　但是当你完成了所有这些时，其他人可能已经利用了你发现的顾客需求，或者市场已经发生变化了。

　　不，我们之前讨论过的最好的研究方法是进入市场，让别人去买你所拥有的东西。我想在这一点上再扩展一些。关键是：他们会买你提供的东西吗？如果你问他们是否喜欢你想提供的产品或服务，他们可能会说"是的"，如果没有别的原因的话，这只是出于礼貌。他们知道你很努力地想出了这个点子，他们不想伤害你的感情。

　　一般来说，市场调研和焦点小组有很大的问题。人们会告诉你他们认为你想听的，而不是真相。

　　这就是你想知道他们是否真的愿意为你的潜在产品买单的原因。俗话说，他们愿意把他们的钱放在他们的嘴里。这句话的寓意是：人们称赞你的产品很好，但是在他们拿出支票簿之前，不要太认真地对待这些话。

研究可以是一根拐杖

　　当我看到有人在试图出售产品或服务前过分依赖于研究时，我会告诉我自己："这个人不是一个计算风险承担者"。他不知道他的追求是否值得，他太胆小，不敢把这个想法推向市场。

　　如果你的船被绑在码头上，你就不能去任何地方。

你需要做的研究

那么，这是否意味着你完全没有研究？不，你只做最低限度所的必要研究。也就是说，正如我们刚才提到的，一方面你在想你的竞争对手正在做什么，另一方面，他们可能投资了很多昂贵而全面的研究。公司越大，他们可能做的研究越多，你就可能对他们的工作回报更多。另外，你的下一个机会可能来自"改进"他们引进的东西。值得注意的是，一旦你看到他们推出的新产品／服务，你就能想到更多的机会。你可以证明他们的成功。看看竞争对手在做什么，这样做是有意义的。

产生的想法

有些人认为，在研究市场时，你从一开始就要非常专注。你应该试着马上想出一个好点子，然后改进它，纠正错误，增加或删除一些要点等。他们会告诉你这是最有效的方法，一种可以让你前进得最快的方法。

我不同意。你想得到尽可能多的想法，如果可能的话，这些想法有许多不同的来源。如果你周围的人和你一样，年龄、背景和经验都相同，你会毫不意外地得到类似的想法。让不同年龄、不同背景、不同经历的人在一起，诠释挑战（"我们需要扩展"），让想法飞起来。

　　想法不需要针对特定的问题。你可以在会议上阐述你的想法，有无数的书籍和人可以帮助你做到这一点，其中的目标是"公正"，要提出尽可能多的想法。

　　我要强调这一点：你需要认真对待这个过程。如果人们提出好主意，那些想法是可行的，你就需要试一试。你也可能会犯和下面这家大公司一样的错误。他们让中层和高层经理回家休息几天。这么做是为了给下面的团队充足的发挥空间，让他们想出更多的好点子。作为一个团队，他们确实想出了很多点子。然后他们把名单缩小到他们认为对公司影响最大的几家。他们回去开展工作，并展示出他们最好的一面。不幸的是，高层管理人员告诉他们："它们永远不会奏效，甚至说这些想法根本不会被尝试。"

　　猜一猜那些人是否愿意再提出任何点子？

世事变化

　　在我们所讨论的研究市场的方法中，最有趣的是当你选择的方法不变的时候，你却在变化，而市场也在变化。新球员一直在进入市场，当市场状况发生变化时，竞争对手也在做新的事情。

　　但最大的变化可能是你自己。

　　你变老了，更有经验。你接触到的东西更多了，所以你得有一个更精细的参考框架。你越是多看，就越有知识。

　　这就是为什么如果你在商业上是个新手，就要依靠顾问的原因。这会是一件好事。他们将拥有你缺乏的经验。

你是如何开始缩小范围的

　　一旦你提出了一份有前途的点子清单，你就需要缩小清单，要如何去做则取决于你公司的发展和自己在事业中所处的位置。

　　如果你刚起步，资金非常紧张，那么你需要专注于有能力迅速产生收入的点子。如果要花 1 亿美元来进行，你绝对无法筹集到那么多钱，那么追求一个价值几十亿的市场是毫无意义的。在接近终点线之前，你的资金就要用完了（正如我们之前说的，你永远不想在第一次创业时浪费钱。如果你这样做了，说服任何人再为你做第二次尝试是非常困难的）。

　　当你的公司一点一点建立起来的时候，你就需要寻找新的目标了。当你需要考虑下一步要做什么的时候，你要有足够的灵活性。例如，你想出两个非常好的主意。第一个主意带来的销售额将是第二个的两倍，但是你却对第二个主意充满了热情。在这种情况下，你也许会决定追求你的热情。选出最好的主意，取决于你自己和你公司的现状，切记不要往回看。

慢的马和坏主意

　　赛马事业之所以迷人，有很多原因。这是我的最爱之一。

　　大多数赛马都在 1 岁大的时候被出售。买家可以检查赛马，并观看它行走，看看如何正确地纠正它的步伐。这是一个很好的迹象，可以看出赛马跑得怎么样，以及如何保持健康。他们也会看看赛马的血统，但没有什么其他的。其他的赛马在两岁时出售。

买家可以在短距离跑时观看马的行走和"短距离训练"，这是有益的。但是，由于马跑的实际比赛距离较长，所以你必须对马在比赛中的表现做出有根据的猜测。

因此，在买方已经花了几千美元购买一匹有潜力的赛马后，发现它不能跑得很快，在实际比赛的长距离中，这样的情况并不少见。这是显而易见的，当马结束比赛，却没挣到钱，许多业主会拒绝承认他们犯了一个错误。相反，他们会责怪环境——"这是一条跑得慢的路"或外部因素："他每次都有一个糟糕的跑道"——他们会不断更换训练者或各种赛马比赛。事实上，他们除了承认自己的赛马跑得很慢之外，什么都会做。

有时候，不管我们是在谈论新点子还是赛马，事情都不可能得到解决。如果是这样的话，应该接受这个事实并继续前进。

你什么时候知道自己该辞职了？这总是有非常清晰的迹象：

1. 你的钱用完了。你别无选择。

2. 没有追加订单，也没有高回报。如果没有持续性的业务，你就不能长期待在公司。

3. 有新的竞争者，有类似的或更好的产品出现，唯一的方法是你可以与他们进行价格竞争。

4. 你决定要做其他事情，一个基于第 1、第 2 或者第 3 点的决定。

本章的 4 个要点

1. **研究其他人**。最有效的研究形式是观察比赛中其他人做些什么，然后用不同的方式做得更好，成本更低或者速度更快。

2. **在开始之前盘点你的筹码**。如果你的资金总额有限，你需要在你能迅速获得最大回馈的领域集中精力开发新的产品和服务。

3. **尽你所能快速进入市场**。这是你唯一可以表明你真正在从事什么的途径。

4. **不要停留太久**。正如肯尼·罗杰斯（Kenny Rogers）曾唱的"知道何时抓住，何时放手。"如果你的思路并不奏效且无法挽救（在合理的花费和合理的时间范围内），那么请接受这个结果，然后把精力转移到其他事情上去。

吸取教训，错误有益 准则 11

我们都会犯错，并且可能犯更多更严重的错误。如果我们讨论的是私人生活，这没有关系（我年轻的时候在学校成绩并不好），或者当我已经是个生意老手的时候（回头看看我们讨论过的准则 2），我犯了很多错。

我认为这是件好事。

如果你想不犯错，那么就别做任何事。如果你做事一直很保险——调查、双检，在采取下一步措施前反复检查——这样你可能不会犯很多错误。

你同样也可能不会有太大成就。

要成功，你就不能一直小心翼翼，你必须要承担可预见的风险。而如果你将承担可预见的风险，那么你就会犯错。

重点是要从中学习，以便于能够最终从这些错误中受益。这听起来很简单，但是大多数人并不这么做。他们在某些事上失误，然后他们会采取措施确保不会再一次失误，但是让我们来看看他们常常会采取的两个措施。

1. 他们将确保不会再犯同样的错误。比如，在职业生涯早期，他们因为拼写错误、错误的称呼或 PPT 演示中疏漏的几个逗号而被批评，因此，他们余生都在反复检查他们的工作，并且常常由另外两个人来校对他们的工作。结果是，他们花费了更多的时间来确保所有的拼写无误，而不是在实际操作上给予有质量的建议。

2. 他们完全避免这种情况。例如，在他们二十几岁的时候，他们做了一次不太顺利的演讲。所以，在以后的事业生涯中，他们都回避在公开场合讲话。当然，这在我看来像是他们缩小了自己的世界，并且变得过分小心翼翼（毫不惊讶的是，他们的职业生涯受到了影响）。

这两条路没有任何一条是你想要走的。正如我所说，你想要从失败中学习以便于你能够从中站起来。这里有一个特殊的例子。在我小的时候，我有点儿骄傲自大，所以我并没有做出最好的决定。我没有为我的注册会计师考试而学习，即使我知道实际上它比律师资格证考试更难（几乎所有的律师在参加考试前都会参加一个复习课程）。毫不意外，我没有通过考试。

好吧，我本应该选择任何一条我们刚刚讨论过的路。我本应该说我会参加一个注册会计师复习课程——所有人都说这是复习最好的选择——或者我本应该不再参加考试，而用我的硕士头衔去找其他事做，而不是成为一个注册会计师。

没有任何一条路帮我从自己的错误中吸取了教训。我的错误是我没有学习。我需要想出最好的学习办法（第二个选择并不可能，我真的想成为注册会计师）。

复习课程确实对很多人最有效。我尝试了其中一个，并且再一次在考试中失败了。我用那种方法的效果从来不好。我在镜子里看着自己，并且问自己："我的核心竞争力在哪里？"答案是我拥有在看图方面不可思议的能力，这能帮助我解决问题。

很显然，你将会犯错。问题是：你下次会做什么？

所以，我的最佳选择是抓住之前的注册会计师考试内容——它们权威且方便可靠——然后开始学习它们。我不仅仅看正确答案，我想要了解他们究竟在理论上加了多少重点以及在税收、会计学和职业道德等特定区域的比重。我发现了在下一期考试中可能出现图表的相关提问的类型和主题。在仔细研究了之前的考试内容后，我轻松地通过了下一期的注册会计师考试。

你常常想要从自己的错误中吸取教训，以便在以后运用这些经验。这就再一次回到了做一个可预见风险的承受者的整体概念。

寻找获得竞争优势的模式！

如果你改正错误，就能有机会提升自己，从而获得下一次成功。如果你改正错误并从中学习，你就能在以后都战胜困难。

你常想把面临的风险最小化。

我喜欢用运动打比方，所以让我用高尔夫球来强调一下这一点。世界上每一个高尔夫球场的布局方式都是你要在绿地上的两杆之内把球打到洞里。

假设你并不擅长推杆，那么平均每两个半推杆有 18 个洞。这意味着你每圈将比预期多打 9 下。

如果你能更正这一点，使得每个洞打两杆，你将把差点减少到 9（你不必像大部分情况那样打 100 下，而是降到平均水平91 下）。

> 如果你能正确地对待错误，那么它将真的成为一个机会。这不是夸张，这是事实。

假设你确定已经从做错的事情中得到了教训：你的平衡已经被打破，并且你把推棒握得太紧。你保持推球入洞，重点是它现在是你游戏中最坚强的部分。平均每个洞 1.75 推杆而不是 2 推杆。突然间，你就得到了令人敬仰的成绩：86 分或 87 分。

案例研究：埃德塞尔——从任意时间的经典错误中学习

"有一个观点普遍认为埃德塞尔在某种程度上是恐怖的，它做工粗糙，甚至有些丑陋。这些观点虽然并非完全没有根据，

却没有讲出埃德塞尔失败的全部原因。"这是雅各布·约瑟夫
（Jacob Joseph）对 CarBuzz 分析的开头，它常常被引用，以此来
形容长期以来的最大错误。

　　事实上，福特汽车公司在制造和引进埃德塞尔时没有犯过错
误，他们制造了很多产品。他的错误始于在最开始制造汽车这个
决定。

　　正如安东尼·杨在《汽车季刊》中所写的："福特的高管认
为通用汽车在当时的市场份额很大，产品种类繁多——从低价的
雪佛兰和庞蒂亚克到中档的别克和奥德莫比尔，再到豪华的凯迪
拉克。亨利·福特二世和董事会主席欧内斯特·布里奇相信低价
的福特，中高价位的水星以及高价的林肯系列都给福特留了一个
需填补的空白。"

　　这本身或许并没有错，但是福特该决定如何去填补这已经确实
感受到的空白。最初的计划是让林肯－水星的经销商出售埃德塞
尔，但是最后一刻的决定是让埃德塞尔成为一个独立的部门。该车
仍旧在林肯－水星和福特工厂生产，这是众多的问题之一。"福特
或林肯－水星生产线上第 61 台是埃德塞尔。工人们需要到分开的
工具屋里拿工具，这样会出现错误，并且质量会受损。"杨写道。

　　这仅仅是问题的开始。

> 公司决定该车应该有一个引人注目的前保险杠，以便在
市场上与众不同。那时候当委员会授意的设计完成后，
被五花八门地描述为"一辆吸着柠檬的奥兹莫比尔汽
车""一匹马的项圈"，甚至是"马桶坐圈"。

> 该车的生产有漫长的前置时间。为了保持公众对此"未来

之车"的兴趣，福特向媒体进行了持久的信息分享。所有的广告都引起了很高的期望，这些期望实际上根本无法实现。

➤ 然后重要的就是命名了。福特的传奇广告代理Foote、Cone和Belding最初为此起了8 000个预命名，且Pacer、Ranger和Corsair等风靡一时。福特公司执行委员会无法做出决定并"长吁短叹"。如杨所述，主席布里奇说："为什么我们不简单地叫'埃德塞尔'呢？"埃德塞尔·福特是亨利·福特唯一的儿子。埃德塞尔的3个儿子，威廉克莱、本森和亨利二世虽然都不同意布里奇的建议，但该命名被采纳了。12个月单纯取名字的工作就这样白白浪费。在一个简短的备忘录中，新公关部门的总监盖尔沃诺克写道："我们刚刚失去了20万美元的销售额。"

然而，"埃德塞尔真正的问题是它令人疑惑，"约瑟夫写道，"福特从没有办法真正确切地定义埃德塞尔到底是什么，或者为什么你想拥有一台埃德塞尔。埃德塞尔车辆发动机的档次差不多在福特和水星品牌之间，但是公司从未给它好好定位。低端的埃德塞尔模型跟顶级福特的花费相同，如果那些额外花费有原因还好，但是并不清楚原因是什么，并且很明显，福特是更好的选择。高价的埃德塞尔车型与同样水平的水星车型等价或者更加昂贵，但是并没有提供任何你应该选择它而不是另一款的原因。

"甚至在第一款车型出现之前，埃德塞尔的销售和市场被压缩在林肯－水星部门，在那里，埃德塞尔被忽视并且自生自灭。"

练习 11：埃德塞尔

1. 市场真的需要埃德塞尔吗？

2. 如果你回答"不"，你应该做什么来对抗通用汽车的主导地位？如果你回答"是"，你如何定位这个车型？

3. 那个独立的部门是个缺乏执行力的好点子，还是仅仅只是个糟糕的决定？

4. 福特执行委员会扮演了什么角色（记住在那时福特公司是个十足的家族企业）？

你需要承认自己的错误

你已经千百遍地见过这种情形（事实上，你自己可能也是某次的主要参与者之一）：你为了发展一种产品或者服务而超乎想象地努力工作。你将产品带入市场……然后，它毁灭了。

你的反应呢？"问题不在于我或者我的产品。问题在于市场、顾客以及那些并不在乎我做了什么的人，它是一种了不起的产品或服务。顾客是傻瓜，这一切才是关键。"因为你确信你是对的，而别人都是错的，你并未在现实中学到东西。你坚持认为自己做的一切都是对的。

像这样写下来，它看起来是愚蠢的，不是吗？

唯一能决定你是否拥有真正了不起产品的人是顾客。假如他们喜欢它，你就拥有。如果他们并不喜欢，你就没有。如果他们并不购买你尝试卖给他们的东西，你需要琢磨一下为什么；否则，你下次真的有很高的风险会犯同样的错误。

现在，你是正确的。它确实是个了不起的产品，但是也许是一个并不解决任何真实需求的东西。或者也许它解决了某种需求，但是你们并没有交代得足够清楚。还可能是它解决了某种需求，并且你阐述得很好，但是……

我喜欢和不从错误中学习经验的人竞争。

如果你研究过他们的模式，你就会准确地知道他们在任何情形下将采取的措施——因为他们总是做同样的事——很容易可以从中获利。这就像与总是向你亮牌的人玩扑克一样。

你需要琢磨出问题是什么。有一个问题，不要犯错；否则，产品本应售出，却未售出。想出什么地方错了，然后从中学习。

预先减少错误的一个方法

显然，不犯错误更好，但那是不可能的。减少你和你员工犯错误数量的方法是非常明确预先的期望。

作为一个员工，你想要知道自己为之工作的人是否仅仅想要一个标准答案，或者真的想要常规之外可能比常规思路更加高效的方法（你的老板将会是这两者中的一种）。

> 如果你是老板，你需要告诉他们你是否想要按照严格标准做事，或者你想他们也能运用非传统的途径取得最好的结果。
>
> 明确预期的途径会让每个人的生活容易一些。

让别人帮助你学习

当你分析出了错误在哪里，那么就让其他人来帮助你。如果他是导致这一错误的部分决策者，他们可能有深刻的见解（分析问题出在哪里的过程也同样会让他们有所领悟）。如果他们不是最初决定的部分决策者，他们也许会用全新的眼光来看待这事。

高层领导有个趋势，就是在事后分析中不让别人参与。我相信，这里有一部分的原因是他们单纯不想这样做。在某种程度上，另一部分人可能是认为他们会因为这错误而被批评和羞辱。

好吧，领导总是最终的负责人，那并不是一个不让别人参与进去的好理由。现实是，你不应该把它当作私事，你所要做的只是尝试找到一种更好的解决办法。

你可以通过观察别人的模式而从其错误中学习

我喜欢阅读传记。我寻找可以用在自己生命里的想法。你知道，乔治·巴顿（George S. Patton）[1]专注于 X、Y 和 Z3 件事，并且成功了。然后，也许假如我做同样的 3 件事，我也将会成功。我也同样对人们为何有不同的做事方式感兴趣。史蒂夫·乔布斯是一个同时强化运用积极和消极的例子。

乔布斯常常会叫他的员工或供应商"笨蛋"，当他们给他一个并非最好的回答或者转而投入一个并不是最好的工作的时候会更难听。读他的自传的时候得注意到诋毁人们可能会有两种效果。

有些人认为这批评是毁灭性的，并且有人从此没有恢复过来。显然，尝试用这种方法激励这些人是错误的。

但对于其他人来说，这是一种激励的力量。他们受到鼓励，向乔布斯展示他是错的，以及他们有能力完成更伟大的工作。在被批评之后，他们更加努力地去尝试，并且取得了成功。

比如，当乔布斯想在新的苹果手机上使用玻璃的时候，他去康宁公司，看其能否为苹果手机生产出来那种玻璃。康宁的董事长向乔布斯解释道，从技术角度来说这是实现不了的。乔布斯告诉他："投入你所有的精力，并且找到一个方法做到。如果你做不到，那么你就不该是董事长。"

6 个月之后，康宁生产出苹果手机需要的 Gorilla 玻璃。

当业务面临困境时，我相信激励人们更加努力地工作至关重要，如果软的不行就来硬的。

---

[1] 乔治·巴顿：美国陆军四星上将，以在第二次世界大战欧洲战场先后指挥美国陆军第 7 集团军和第 3 集团军而闻名。

一份可以帮助你减少错误的清单

这本书已经很久没有出版了，这太糟糕了，但是在它再次出版之前，迈克尔·格什曼想到了一个精彩的清单，以便于可以在失败后帮助你找出原因。

是的，当然每一次失败都是由不同的原因造成的。但总的来说，如果出现问题，他说可以归结为以下原因之一：

1. **认知**。人们根本不明白你想要的产品或服务（请参阅我们在本章前面对埃德塞尔的讨论）。

2. **音调**。你强调错了产品的属性或做法。

3. **价格**。太高了，有时候却是太低了。

4. **包装**。有什么吸引力？还是在传递错误的信息（例如，即使你正在尝试销售高端产品，但看起来却很低端。）？

5. **运输**。当市场上某种类型的产品或服务在膨胀的时候，这时候出来的"仿制"产品其实还不错。如果价格基本相同，人们会选择原始的那个。

6. **促销**。你真的会因为它被称为"同类中最便宜的"而买一辆豪华车？

7. **承诺**。这几乎总是致命的。如果你承诺某些东西或承诺太多东西却不履行，那么你将永远失去客户。

8. **定位**。你的定位是最好的还是最便宜的？与领先品牌一样好还是半价？你需要对你的产品做出明确和适当的定位。在开始将自己定位为非可乐之前，七喜是一款一直在挣扎的软饮料。

9. **摆放**。产品是否摆在合适的商店里的正确位置上？如果你销

146 | 企业家的剧本

售高端玩具，你应该不想让你的玩具只局限在"R"型。或者你的产品放在前台比放在过道上更好？

　　10. **高级版**。当他们产生在每个包装中包含"奖品"（溢价）的想法时，琥珀爆米花（Cracker Jack）只是另一种失败的零食。

　　11. **宣传**。你有没有说出来？有效地说出来？

　　12. **耐心**。你是不是很快就放弃了？

　　13. **过程**。如果你有一定的做事方式，当你失败的时候，你是否也遵循这个方式？那么在这种情况下呢？例如，如果你总是有 3 名高级员工放弃同一个点子。

本章的 4 个要点

　　1. **如果你想成功，不要怕犯错误**。一次又一次地做同样的事情可能是安全的，但如果你一直这样，你就不会成长。你应该去承担有限的风险。

　　2. **让市场告诉你是否正确**。很高兴你认为你有世界上最好的产品，但如果没有人购买它，你就没有。换句话说，狗不吃的食物，就不是狗的食物，不管你怎么觉得。

　　3. **分析你的错误**。始终倾听他人的意见。他们可能会看到你看不到的东西。

　　4. **别忘了从别人的错误中学习**。他们可以帮你不犯同样的错。

解决问题和处理危机最有效的方法
——SWOT 分析法！

准则 12

我发现，回答这个题目的最有效的办法，是做一个 SWOT 分析。当你面对挑战或新机遇时，请在以下 4 个类别中提出自己的问题：

1. **优势（Strengths）**。我能为这种情况带来什么改变？我如何利用我（和我的公司）擅长的独特能力来战胜挑战或尽量减少问题？

2. **弱点（Weakness）**。你有没有让你拥有优势的点子？你的点子有什么缺陷？

3. **机会（Opportunities）**。你拥有什么东西可以将之转化为优势，并且你可以利用这一优势来为你提供竞争优势吗？你能比你的竞争对手做得更好或不同吗？

4. **威胁（Threats）**。你哪里脆弱？你已经确定了你的立场的弱点，现在你想知道这些弱点可能会怎样伤害你。在竞争中你要如何利用它们呢？它们会如何长期损害你？

通过 SWOT 分析，你可以获得很多益处。

具体来说，可以：

1. 帮助解决你面临的挑战。

2. 帮助选择有效的行动方式。

3. 为你提供更多数据，以便做出更好的决定。

4. 让你不再犯同样的错误（你可以看到为什么我把这一章放在前面的章节之后）。

SWOT 分析可以减少出现问题的机会，并增加你的成功机会。当然，这是件好事。要做到这一点的一个方法是咨询你的顾问委员会，让他们以 SWOT 评估的形式诚实地给你反馈意见。他们会看到你正在检查的情况，并识别出你没有注意到的缺点和威胁。

例如，你已经提出了一个聪明绝顶的新产品，初步测试是顶层测试。他们可能会问你："你如何让独立经销商们来扛？"

提出这样的问题似乎是在制造一个障碍，但他们确实不是。你将不得不处理弱点和威胁——市场将迫使你可以在启动产品或服务之前解决它们。更聪明的是，你的董事会和员工能够突出更多的优势和机会。他们还应该为你提供新的点子和方法。如果你不确定你的董事会和（或）你的员工可以有效地执行 SWOT，或者你认为他们只会告诉你你想要听到的，那么就请外部人员对他们进行 SWOT 分析。但是，无论采取什么方法，请确保你执行了此操作。

SWOT 中的答案数量

SWOT 都是关于确定优势、弱点、机会和威胁的。你在每个类别中有多少项?

我的答案是:"至少有 5 项。"这里有以下两个原因:

第一,你需要认真对待练习。如果不到 5 项,你就会试图冲破头说出两到三个想法,然后说你完成了。

第二,你可能只能列出一个很好的答案。然而一份更长的名单会让你诚实。

有时候,当我说你需要至少 5 项的时候,他们会说:"我想不出那么多。"

我的答案永远都是:"仔细想。"

SWOT 分析法和时间

大多数人使用 SWOT 是图一时之快。以下是我们今天面临的优势、弱点、机遇和威胁。如果你只做别人都做的事情,你就不会打败他们,你只会和他们打成平手。记住,我们首先做 SWOT 分析的原因是获得竞争优势。

这就是为什么我建议你在 5 年之内也使用 SWOT 来帮助你和你的公司。几年后,哪些小威胁可能会变大呢? 相反,哪些潜在的机会可能也会变大呢?

这样做的好处是它迫使你平衡短期和长期的目标,并使现实世界的市场力量发挥作用。例如，如果你的目标是扩大公司，你的 SWOT 分析可能就是一种方式。但是，如果你想在 5 年内出售公司，可能看起来完全不一样。

你总会有短期和长期的威胁和机会，这就是为什么你会在这两个时间节点内使用 SWOT。

有趣的是，做一个 5 年的 SWOT 分析可以取代我讨厌的业务计划。一个商业计划可能会给你一种虚假的安全感，因为你有空间做财务预算，你可以随便做数字（"嗯，看起来销售额在第 4 年会有点低，你知道的，如果我们会高出 2% ——而且要做到这么多，我们应该是没问题的"）。

如果你坦白，SWOT 分析将使你保持诚实。

📋 案例研究：防弹背心

想象一下，你想创立一家生产隐形防弹背心的公司。你的目标是使背心是"绝对最好的"。

练习 12：防弹背心

1. 你如何确定背心应该是什么样的？它应该具备什么特点？

2. 你如何填写 SWOT 分析的 4 个象限（确保每个象限至少有 5 个条目并详细记录你的答案）？

3. 如何通过检验竞争对手和不同行业来使你更具有优势？

4. 你会以哪种充满想象力的方式宣传你的产品？

5. 背心成功的关键因素是什么？

SWOT 作为一种投资工具

当被问到投资建议时，马尔克斯·福布斯（Malcolm S. Forbes）——那个将他父亲的杂志转变成今天备受尊敬的商业刊物的人——会回答说："我赌的是骑马的人而不是马。"他的意思很清楚：投资一个好的领导者比一个好主意更重要。你总是可以调整这个想法，改变某人的基本性格更加困难。

我同意。在决定是否聘请某人或投资一家我感兴趣的公司时，我会尽量获得关于该人或某个公司的信息，以便我们能够为他们获得"感觉"。然后，我总是把他们的想法或者他们的想法置于 SWOT 显微镜下，看到那些很有趣的东西。

最后的想法

人们不会像我认为的那样经常使用 SWOT 分析。他们有几个理由不这么做。

人们不喜欢这样做，因为它迫使他们面对弱点和威胁。他们认为，无论怎样，如果他们努力工作来调查市场，他们可以消除一切可能出错的地方，或承认一个潜在的问题，然后让它们看起来无效。这两件事都是愚蠢的，你不应该把这看作让你看起来不好的练习；相反，它旨在使公司的业绩最大化。

其他人不会认真对待练习。他们认为，如果他们可以在每个类别中写出可以想到的 3 件事情，他们就完成了。他们只是试图从列表中检查一个项目，而不是使用 SWOT 分析来找到真正的竞争优势。你之所以进行 SWOT 分析，是因为你希望获得最大的潜力。除非你已经详细识别了全部 4 个象限，否则这不会发生。

当我说你的时候，我其实是在说公司里的每个人。与你合作的每个人都应该能够有效地使用这个工具。

本章的 4 个要点

1. **SWOT 分析并不像它本来应该的那样受欢迎**。如果你使用它，它将比你的竞争对手更有优势。

2. **优先级**。当业务计划基本上是没用的时候，一个正确的 SWOT 分析会使你将面临的真实问题具体化。

3. **努力工作**。确保你在每个优点、弱点、机会和威胁方面至少有 5 个深思熟虑的想法。

4. **双重检查**。请你的咨询委员会和员工仔细检查你的工作。他们不仅可以想出你可能忽略的弱点和威胁，而且可以查出你可能错过的优势和机会。

没有突破——寻求突破 准则13

标题中的建议不会立即帮我在那些建立成功公司的人中赢得朋友。如果你想象一下自己在其中的位置，你就会明白为什么。在那里，你终于赚钱了，甚至可以赚到很多钱。经过几十年的努力，你投入 80 或 100 个小时让公司开始运作。你想减慢一点，也许每周工作 60 或 70 个小时，并偶尔有机会在星期五的下午溜出去打高尔夫球。在这里我想说："你的公司承受不起松懈的代价。"你需要不断努力，才能保持竞争优势，并确保你能满足客户的需求。

喷。

好吧，关键在于你永远不要觉得自满。好吧，事情现在看起来还不错，但是：

➤ 事情是会改变的。经济变得很乐观或者很萧条，你的公司便需要及时作出回应。

> ➤ 新的竞争对手会不断进入市场，而且现有的竞争对手也会变得越来越强。

> ➤ 计算机及应用程序促成了商业的"高速"运行。因此，创建新产品和新的信息传播方式的速度比以往任何时候都要快。

> ➤ 客户的需求也在发展——他们总是想要更多更好的产品，并且付出更少（如果你问他们是否想要更高的质量和更低的价格，他们当然会说"是的"）。

所有这一切的结果都要求你快速改变和发展，否则会有人，可能会是我的一个学生——将以一个比你更便宜、更快、更好的产品来夺走你获得的一切（换句话说，他们将要做你初入行的时候对别人做的事情）。

你应该在你的客户提出要求之前，预测到你的客户未来的需求是什么。

你需要保持快速发展还有另一个重要的原因。美国的许多学校，包括一些商学院（不是巴布森学院），经常教育我们世界是可以预测的。所以，他们认为研究过去曾经生效的地方将会为你的将来做准备。然而事实根本就不是这样，你翻一翻论文就会知道了。传统的正规规划行不通，世界——特别是企业家的商业世界——不是那么好预测的。

如果你认为明天的事情将会像今天一样，那么你最终将会对市场的变化作出反应，然后拼命地"追赶"。反过来，如果你总是试图弄清楚如何变得更好，你会持续保持进攻，而不是不断地防守。所有的这些都解释了一个公司为什么需要不断地寻找弱点和威胁，然后找出可以利用自身优势和把握机遇的地方。

但是，若只是因为你的公司必须这样做，则并不意味着你必须成为一个这样做的人。你可以委派这个可以让你持续保持领先竞争的任务，使你真正让你的人充分利用通过不断地做 SWOT 分析学来的东西，就像我们上一章说过的一样。

你有权放慢一点，其实我觉得这是个好主意。一星期投入 70、80 或者 90 个小时的工作，你的身体或是精神——特别是当你取得了一些成功以后，会开始变得疲劳，然后你开始（可能只是在潜意识中）渴望更容易一些。那么，你至少在潜意识里，在你第一次开始说话之前，事情就开始崩溃了："我会在明天（或下周）处理。"你失去了你的优势，你的公司也是。

> 不看比赛的人会自满，而墓地里到处都是自满的公司。

所以，用尽一切手段，开始放松一点。只是，你要知道别人正盯着你的公司呢，你需要确保你的公司在不断地提高。

关于革新，我们需要谈论什么

一直让我感到惊讶的是，当我告诉人们"如果它不垮，那我们就击垮它"时，他们认为我是在建议定期对组织的每个部分进行夸奖。我没有，实际上，我所提倡的可以帮你从那些失败中脱离开来。

唯一一次你完全想要改造整个公司的时候，就是当你没有选择的时候，就像是受到威胁，而且可能会失业。如果你不断改进，不断变好，你就可以避免这种情况，除非技术或者做生意的方式发生了根本性的转变（当你在不断提高，并且做了正确的事情的时候，比如你可能一直在生产世界上最好的手动打字机，但是一旦文字处理器出现了，你就会遇到很多麻烦）。除非你碰到这种颠覆性的变化，否则不断提升可以帮你保持领先。

正如你已经猜到的，我所倡导的是不断做小的调整。

以下是我公司的工作原理。由于这种方式是如此的根深蒂固，以至于我们每年在 9 月才开始这个过程。我们坐下来检查我们的哪些产品卖得好，哪些卖得不好。

相对于落后者，我们需要确认最底层的 25% 的产品，它们是销售额增长最低的商品的 1/4，或者是利润最低的产品的 1/4，或者两者都有。那么，既然我们已经说过，如果你是从失败中学习，那就没有真正的失败，我们会看看为什么产品表现不佳。在某些情况下，在以下几个方面改进是比较容易的：使包装更好、提高产品质量，或者将其重新定位为更新更先进的产品也是可行的。

在某些情况下，大约是 10%～15% 的时候，就该让这些产品退出市场了。消费者已经厌倦了，或者竞争者有一个比我们更好的且我们根本无法匹敌的产品。

然而，这代表着巨大的机会，因为我们已经有了空间和配送来处理我们的产品。假设我们有100个产品，通过削减10~15个，那就是我们已经留出了10~15个空缺，然后我们可以填补上去。

不断地进行SWOT分析会阻止别人偷袭。

事实上，不断改进正与"行动—学习—构建—重复"类似，正如我们在准则4中讨论的模型。

你会记得，第一步的关键要素——行动——就是向你的目标迈出正确的第一步。这里也没有区别，你一小步一小步地开始，也许是从头开始。你小范围地体验一些产品或者服务，并从市场反应中学习，或者也许你决定从中心开始，使用"附加"产品或服务，然后观察人们怎么想。比如，你并没有冒太多的风险，而且你没有陷入危险或者迷茫的境地之中。比如，你提供你目前在售软饮料的低糖版本或软件的"专业"版本。

正如你所看到的，我们在这里做的是尝试着去行动、学习、构建和重复，直接模拟你要使用的策略和你需要的财务结果。现在让我在此强调这一点以结束讨论：你并没有改变你的核心产品——常规版本的软饮料或现有版本的软件，你会想出额外的增强版版本（软饮料是低糖版，软件是专业版）。

如果你不断地做这件事，并且按照顾客预料的那样，你会让你的竞争对手更难追上你，更不用说超过你。你会一直走在前沿，并且有利可图。

同时应对两个战线

当你调整你所拥有的，你想扩展你的生产线——低糖、新的口味、新的低糖口味、更大的分量、更少的分量，等等——这些都是新的产品，这就有意思了。通过建立你所拥有的产品或服务可以帮你采到低处的果实，增加新的则能帮你成长。

记住是怎样升级员工素质的，每年开除那些表现排在后 10% 的员工。在这里也是一样，正如你升级你的产品线，你总是想淘汰掉表现最差的人。

做这件事是没有现成的模板的。你不断做出小的、缓慢的改进，然后在中途看看市场的反应，你应通过做出另外的改变来建立学习机制，随时随地升级你的产品。

你应该集中于某一个领域吗？——增强核心竞争力——以牺牲另一个产品为代价（比如推广新产品）？ 这里没有现成的公式。你可以在两个方面想出尽可能多的办法，并将你的清单整理到最佳。如果事实证明一年以来你最好的想法都有助于提高你的核心业务，这当然很好。如果你明年每一个有希望的概念都是围绕着新产品，那也很棒。你应该一视同仁。

📋 案例研究：哥伦比亚餐馆

如果有一个"如果它不垮，那就别改变它"适用的场合，那就是我们提到过的佛罗里达州的哥伦比亚餐厅，它因古巴和西班牙食物而闻名，总是挤满了当地人、雪花鸟和游客。哥伦比亚餐厅由一位杰出的企业家理查德·冈萨斯（Richard Gonzmart）经营，他具备我所欣赏的作为一名成功的企业家应有的所有素质：聪明、勤奋、创新，是有限风险承担者，并且非常善良。

在撰写本文时，第四代主人理查德正计划开设更多的餐馆。每个新的地点都有机会激发和改进现有的位置。

这里有几个例子。到目前为止，哥伦比亚的所有餐馆都是你愿意花上一两个小时吃晚饭的目的地。理查德在坦帕国际机场开了一个便捷服务的地方，叫作哥伦比亚餐厅咖啡厅。这会提醒游客来到了哥伦比亚这个品牌区，与他的其他餐厅相比，最受欢迎的地方在于人们可以通过特殊区域找到一份便捷午餐菜单（并不是每个人都有花上 1 小时的时间来吃午餐）。

他目前正在做的一个项目是在圣彼得堡的餐厅，餐厅有一个非常壮观的水景和一个巨大的酒吧——远远大于他在其他任何地方的餐厅——并且供应小吃。酒的利润高于食物，酒精和小吃吸引着大量的年轻人。传统哥伦比亚餐馆关于酒的统计数据往往更偏向老年人。

在他没有忘记根本的同时，冈萨斯在坦帕新开发的地区开设了一间独特的河畔餐厅。这里曾经是许多印第安人的家，坦帕是第一家哥伦比亚餐厅开业的城市。这个叫作 Ulele 餐厅（发音类似 You-lay-lee）是以一位传奇的美洲原住民的女儿命名的。菜单包括本地和当地的食物，而且它还有自己的啤酒厂。他也获得了去 Goody Goody Burgers 餐厅的权利——这是理查德年轻时住在坦帕的时候喜欢去吃饭的地方。餐厅于 2005 年关闭，理查德又把它起死回生了。

当被问到他为什么要这么做，理查德的回应正如你所期待的那样，说如果你不成长，你就会消亡，你需要永远在竞争中保持领先。他补充道："有时候，尝试新事物真的很有意思。"

还有别的选择去做这些吗？

在我经历了迄今为止谈到的一切之后，有人回应道："这听起来好像有巨大的工作量。你确定我要做这些吗？"

答案是：你不需要。

"如果不这样做会发生什么事？"这是后续问题。

最后，你看起来会很像富士施乐。

大多数人都知道这段历史。富士施乐曾经是复印方面的主要参与者，于 1970 年成立了帕洛阿尔托研究中心（PARC）以刺激公司的创新。它确实做到了，它的科学家和工程师创造了从以太网到鼠标的许多作为计算机核心架构的产品和想法。

然而，该公司对利用这些革命性的概念并不感兴趣，尤其是与苹果公司合作。不出意料，随着其他公司进入核心市场，富士施乐就陷入了困境。

你可以按照你的方式选择待在原地，但我不会推荐这样做。

你可以让你的团队这么做

总让我感到惊讶的是，团队不会在公司范围内引入这种方法，不必坚持所有员工都接纳"如果不垮，那就打垮它"的模式。换个角度，也许我不应该惊讶，因为当他们试图这么做时，他们总是采取错误的做法。

你知道他们使用的方法。他们将所有拥有中层管理人员及以上职称的人召集到一个"我们将讨论组织未来的全体会议"。在会议上，他们鼓励人们征求"如何重塑公司"的想法。

我发现在很多情况下，坐在这里的许多中级和高级管理人员都认为这次会议是严重的浪费时间。他们没有权力改变这一切，所以他们建议忽略一些事情，以便回到他们真正的工作中。

难怪这毫无作用。

更好的方法是向公司的每个人解释具体目标是什么。"5 年后，我们三分之一的销量需求来自我们今天没法提供的产品和服务。"

然而，既然你不想拒绝一个好主意，你就告诉大家："如果你拥有公司如何达到这个目标的想法，请告诉我们。这可能更简单，并且更有效，因为你可以集中精力告诉我们，你的部门需要怎么做才能实现目标。"（当然，我们会与你分享你的建议所产生的积极后果。）

我发现这个方法很有效。

────○ **本章的 4 个要点** ○────

1. **最后，你不得不改正缺点。** 你永远不会希望看到事情发展到这个程度。

2. **你需要持续不断地做出改进以便在竞争中保持领先，并且提供给顾客们想要的**（希望在他们知道他们想要什么之前）。

3. **创建和实施改变的最佳方式是不断地进行 SWOT 分析。**

4. **像个团队那样去做。** 整体大于部分。

做一个值得尊敬的人 准则 14

第一件事：我们来分析章节标题。虽然这听起来像是一个家伙在等他认识的女人买衣服的地方——那就是男人的长凳，以及门楣——这里并不是这个词的本意。在俗语中，这里指"一个好人"，一个有着你期望的具有美好品质的亲密朋友或同事。

标题告诉了你应该如何行事，你应该是一个好人。

我想这个评论来自一个曾经认为自己会成为拉比的人并不奇怪。我早就意识到，在阅读摩西五经时，你没法遵循一套圣经中或生活中碰到的其他的规则。你要么练习你所相信的，要么就不信。

这是我在成长过程中观察我父亲亚伯兰·格林学到的一个教训。A&P 是他最大的客户，有一天，在他生意艰难的时期，A&P错误地支付了我父亲两次款。A&P 给了我父亲一张 35 000 美元的支票，支付以前已经支付过的货物。

我父亲的一些员工让他把钱留下来。"他们是一家大公司，"他们说，"他们永远不会查的。"

"这与他们无关，"爸爸回来的时候说，"这是我自己的事。"

在与他人的互动中，你做什么最舒服？当涉及道德、伦理和做正确的事情时，你想如何经营你的生意？你想做个好人吗？

当我问这个问题时，人们会立即回应："你不懂。如果我总是按你说的去做的话，我会被利用的，并不是每个人都这样认为，他们会利用我。"

当他们这样说的时候，我告诉他们我完全理解。然后我向他们解释在我读罗格斯大学时，发生了什么事情。我当时没有车，但我正和我的女朋友罗伊斯（罗伊斯·格林，我 50 多岁的妻子）处于热恋时期。最后，我终于决定要买车了。我的一位堂弟把他翻新的汽车卖给了我。我第一次开出去的时候，发动机掉了出来，我和罗伊斯摔了不止两条街那么远。

当我和我的堂弟对质时，他仅仅说了一句，就是"欢迎来到现实世界，兰尼·格林"。

所以我明白，人们会尝试利用你，但你可以选择是否利用他们。我知道我只能控制某些事情，但我选择不利用别人。这是我每年在课堂上都要传达的一个教训。

每一年，我都会提出一个假设性的问题，即学生必须作出选择：是通过欺骗获得成功，还是保持道德准则。每一年，大多数人都坚决保持道德准则。

然后，在他们毫不知情的情况下，扔给他们一个现实世界的问题。

在本学期的早些时候，我请那个在巴布森学院特许经营了 25 年的伍迪·拉蓬谈谈他的生意（伍迪是一位优秀的企业家）。

几个星期后，伍迪走进我的教室，打断了授课。

"对不起，教授，"伍迪说，"如果我把这 50 份冰沙留在教室的后面，你会不会介意？课后有一个教职员工会议，我想让教授们都感到惊喜。"

我告诉他，这没有问题，然后回去继续上课。大约 10 分钟后，我走过去，说："这些看起来肯定不错。我不会参加教职员工会议，实际上会议是完全为另一部门召开的——但他说的冰沙是一个惊喜。教授们是永远不会知道我有没有沙冰的，所以我想我会成功的。"

我抿了一口，说："哎，真的很棒。有没有人想尝尝？"有几个学生举了手，然后我给了他们每人一点儿。他们也喜欢饮料，还有几个学生要求再来一点儿，后来再要一点儿，在你知道之前，所有的冰沙都没有了。

就在班级结束之前，我问学生有没有想过我们做了什么——喝光所有的冰沙——是不对的？我们围绕着它进行了一场辩论，后面我会透露一些你可能猜到了的东西。

"我叫伍迪把冰沙带到了课堂，然后我付了钱。对于老师们来说，冰沙并不是一个惊喜，也没有什么教职工会议。这只是一个测试，看看你面对一个真正的情况会做什么，这不是个假设的案例研究。我想加深理解我们之前谈到的道德商业行为的教训。"

这引发了新一轮的讨论，许多学生说他们自己不会拿冰沙，但是一旦他们看到我这样做，他们就觉得这么做没问题。

这引发了以下几种观点。

首先，其他人在干什么都不重要。你最终需要自己决定是非，你需要在镜子面前面对你自己。

其次，有一部分人说我有点儿幼稚。当然他们会看他们的领导者——我在这种情况下——怎么做。他的行为总是比他的话更有发言权。公司领导的一切行为都有基调，人们可以轻易通过言语来辨别不诚实的行为。在这种情况下，"如果有人这么做了，那就没问题"。人们可以据此来说明任何事情。

这意味着如果你是领导者，那么你就需要以身作则。这种模式向外延伸就可以告知组织的其他部门如何对待不道德的员工。如果是我，我会开除他们。我的公司在这方面是零容忍。

我知道，很多人觉得这是反应过度的表现。他们告诉我，罪与罚应相当。如果你捏造你的工作时间记录表（在里面写上比你实际工作时数多的时间），我只能让你偿还工资。如果你再犯，那么我将会解雇你。或者，我可能还会让你把那些用你夸大时间获得的同样多的钱当作慈善。这样你将会双倍偿还你所拿的金额。

这些措施是有价值的，却不是我愿意采用的。我不认为公司里有这么多的灰度。如果你想欺骗顾客或者公司，你就只能被解雇。如果你的上级在之前就知道，而且应该知道你的这种行为，那么他或她也同样会被解雇。

我们需要确立一种特定的文化价值观。你要让你的组织明确你和你的公司代表着什么。裁员、给员工假期、让员工为社区或慈善项目义务帮忙，或鼓励人们懂得感恩都要符合你们公司的信条。

你应该怎样和他人协商

现在不能仅仅因为你总是在尝试做正确的事情，而且你觉得你身边的人同样也在做正确的事，就可以在你与员工协商的时候轻佻应付。比如，你应该把你的观点、产品或服务用最好的方式最清晰地阐述出来。

我也非常拥护罗杰·费雪说的怎样处理生意。他是哈佛的教授，曾写过一本关于协商的最畅销的书《谈判力》。他提议我们应该诚实、直截了当地回答别人的问题，同时也说你没有必要做那么多。对于人家没提及的问题你就没必要回答。但是在他的推理中有个瑕疵，他忽略了那些你可以得到的更多好处，却没有提出来的东西。

然而，如果我和一个人有着协商关系，我想要和他公平交易，并且希望双方坦诚以待。我愿意相信和我往来的每一个人都是诚实和正直的，但是防人之心不可无。

> 我说我相信每一个人都是诚实的，我可能会感到心虚，但我还是愿意将之作为起点。

有一个简短的故事将会证明这一点。在我职业生涯的早期，我在购物中心做了很多次的售后回租。希望出钱投资的购物中心和主力店的老板把东西卖给我，以作为交易的一部分，他们同意以一个固定的价钱再向我长期租回这些东西（这保证了我的利益）。

这时，一个特别购物中心的老板对我说他愿意以低于市场总体价钱的价格卖给我东西，因为他陷入了经济困境。

我问道："仅仅是因为这个吗？"

他回答道:"是的。"

但是,在交易中承认你处于经济困境可不是一个好的策略(除非你是虚伪的)。因此,我决定深入调查。以前我就经常参观这个购物中心,知道它位于一条人流量很大的公路上。调查证实了那个老板说的是真话,购物中心的其他店铺也就像他陈述的那样。不出意料,我们马上就发现了一个问题。政府正在修一条新的公路,这条公路会改变经过购物中心很大部分的交通路线。

我们还是像预先约定好的进行交易,而且我按时赴约了。

我开始说道:"考虑到你的经济情况,我愿意以你东西所值得的价格购买,因为我讨厌乘人之危。"

卖家回答道:"如果你想多付钱,我当然不会拒绝。"

我说:"我不相信你会同意,但是在我这样做之前,看着我的眼睛告诉我,你没有忘记交代什么问题。"

他直视我的眼睛说道:"没有任何问题。"

"所以,你觉得正在建的那条将会改变 80％ 交通路线的公路也不是问题了?"

保持信任,但是要去验证信任。

那个卖家一句话都没说,他只是拿起了他的合同,然后走出了房间,这就是我们的交易和关系的结束。

那个卖家对我的欺骗使我震惊吗?不,有些人就乐意那么做。为什么人们要做这样的事?也许是因为马斯洛金字塔,因为他们需要靠手段来生存，或许因为他们觉得生意是一场没有任何规则的游戏，所以他们认为必须要时刻保持无情，也许是因为他们就是想不择手段地获得成功。

> 当我谈判的时候，我总是期望对方会做一些我不会做的不道德的事情。

他们的动机不重要，你只需要注意他们的反应。为了加强这个准则，你应该看一些有关伯尼·麦道夫是怎样欺骗朋友、亲戚、慈善机构和数以万计人的报道。

善良的好处

我能非常自信地说我所提倡的东西会有切实的经济回报吗？不能，我不能为之定量。我非常肯定这些倡议促进了我的成功吗？

是的。这是不难解释原因的。

我跟人们做了多年的真正意义上的房地产生意，首先他们需要的只是握手，之后才是正儿八经的工作。签署的法律文件就真的像之前商定过的那样。拉里·卡迪什是我见过的最成功的房地产商之一。

然而，我却跟拉里有过一个不为人知的交易。拉里把一个房客租下的整个建筑卖给了我，但我们交易结束后这个租户就破产了，于是我成了空楼的主人。我确实陷入了麻烦之中，因为一栋空楼的价值远远低于我原先买的具有 3 倍租户的楼的价值。拉里在法律上没有任何帮我的义务，但他还是自愿地用具有同等价值的财物补偿了我。

所以，你明白了为什么拉里和我能一起保持长达 30 多年的合作关系。

如果你和一个真正诚实的人有一个良好的合作关系，那么当问题出现的时候是非常容易解决的。当你的供应商说他忘记对一个订单收费时，你可以花 10 秒钟核查你原先是否没有为订单付钱，然后给他写张支票。不要对潜藏的动机进行调查。

如果你信任对方，你可以依靠他去做你认为对的事情。

📋 案例研究：奇异果汁公司

当婴儿食品主要由大公司控制时，一大批强调产品质量的新公司于 1990 年在市场上出现了。

奇异果汁公司在 20 世纪 90 年代末建立，他们的目标是成为在婴儿可食用饮品领域中成为品质第一的企业。他们使用 100％纯正果汁，他们的董事长即公司的代言人，被媒体称为"自然先生"，因为奇异果汁中的唯一材料是"100％的天然果汁。无添加、无着色剂，就只是果汁"，每逢有机会在电台和电视上接受采访，公司的董事长就这样说道，并且他提及 100％纯果汁解释了其产品的超级好的味觉体验。

在公司的前 4 年，销售量开始增加，运转也越来越平稳。因为畅通无阻，奇异果汁公司很快就发现竞争者随处可见。

突然，奇异果汁公司开始亏钱——很多钱。我们来看一看制造一瓶果汁的成本，分析其为什么会落入这样的境地。

售价	1 美元
项目	成本
100% 纯果汁	0.6 美元
包装	0.05 美元
间接制造成本	0.25 美元
市场调研	0.2 美元
销售总务管理支出	0.15 美元
总成本	1.25 美元
每瓶亏损	0.25 美元

如果公司还不采取措施，那么它将被淘汰。

因为果汁是最昂贵的成分，我们建议公司减少果汁的含量以水和糖分代替。像以下展示的，如果减少果汁所占的分量，公司的利益就会有实质性的增加。添加糖的味道尝起来更甜更美味。竞争者在同样的产品中只添加一点儿果汁。

单位：美元

成本	100% 果汁	75% 果汁	50% 果汁	25% 果汁	0% 果汁
果汁	0.6	0.45	0.3	0.15	0
糖 / 水	0	0.05	0.1	0.15	0.2
总成本	0.6	0.5	0.4	0.3	0.2
单位节余	0	0.1	0.2	0.3	0.4

附注 1：减少 50% 的果汁含量每瓶会带来 0.05 美元的盈利。
附注 2：减少 99% 的果汁含量每瓶会带来 0.34 美元的盈利。

练习 13：果汁

1. 你愿意减少果汁的含量吗？零成分果汁会带来数百万美元的利益。

2. 你会在标签上显示你的果汁含量吗？

3. 你会在标签上注明"新的和再加工的"吗？

4. 你会使用新的策略来革新公司吗？

——◦ 本章的 4 个要点 ◦——

1. **设定自己的宗旨**。正如你对你的公司有一个整体上的规划和准则，你也需要有自己的宗旨。

2. **遵守黄金准则**。这听起来过分简单化，但它仍然是一个概念法则。从长远来看，你想人们以希望被对待的方式来对待你吗？

3. **牢记，欺骗不能带来胜利**。是的，你想赢，但是你要采用正确的方法。

4. **绝对明白只有你能对自己的行为负责**。你不能通过说"每个人都是这样做的"或者"这是老板许可的"来使自己的过错合理化。你能否成为一个受人尊敬的人是由你来决定的。

成为企业家的 10 个步骤 准则 15

以下 10 个步骤能够帮助你避免企业家起初会遇到的很多陷阱，更棒的是没人会问你要一分钱。

你所需要的就是能够自愿变通你的思维，以促进智力的探索与发展，也就是说培养思维的严谨性。

1. **考察你的动机**。就其本身而言，为了获得乐趣以及挣更多的钱而工作，未必是成为一个优秀企业家的好理由。

2. **有成为企业家的品质，并且知道它们代表着什么**（具体列出 5 条）。如果通过回顾之前的 14 条准则也不能轻易想出这 5 条也没事，但是如果你连你要成为什么样的企业家也定位不了的话，只能说你的道路要比其他人艰辛得多。

3. **要有输得起的资本**。在你开始创业之前你就要料到可能出现的结果——并不是每一个新冒险都有回报的。你能承受得起这样的结果吗？你能承受得起如果失败在家人朋友面前颜面尽失的后果吗？

4. 进行市场调研。 从不同角度审核你的观点来避免生产人们不会买或者买不起的商品或服务。

5. 缩小选择。 选择事业，以下3点是非常重要的：A. 与你个人目标相符；B. 你喜欢的和你擅长的；C. 与你的生活方式相适应。

6. 摸索。 虽然在你开始的事业上有经验不是必须的，但是如果有，你成功的概率将会变大。

7. 从今天起树立你的荣誉和信誉。 因为在你筹集资金的时候，这两者是很重要的。也就是说，现在它能帮你创造贷款潜力和投资来源，这样当你晚些时候开始创业时，不会因为我们缺少资金而停滞。

8. 磨练你的协商技巧。 大多数小企业依赖他们的老板和供应商、卖家，以及类似商家之间的协商而生存。获得资本的最好方式之一就是对你开展的事业所需要的东西进行协商和贸易。

9. 在生意中借鉴他人的做法。 你可以通过与从事你想开展的生意的企业家交流，从而获得大量有关企业到底是什么的实际信息（不管是否于你适用）。

10. 向一个有实战经验的教授就企业家精神取取经。 全身心投入课堂任务中。仔细思考和估算寻找与课堂问题相适应的独特答案的风险。

这10个步骤的奥秘就在于它们能够让你更好地为未来取得成功作好准备。让你少吃苦头，减少由于缺乏知识而导致的损失，让你名利双收。

练习 14：生意机遇

就像我们详述过的，一个企业只有生产人们需要的产品和服务才能取得成功。在当今这个快节奏和复杂的社会，我注意到很多领域都要追求更好的、快速的、更有效的和更低成本的处事方式。你有办法使他们满意吗？（在下面表格的右侧写出，记得寄给我，然后我给你反馈。）

人们需要的是什么	与之相匹配的企业
我需要快速做完每件事情	
帮我应对	
我想看起来好和感觉好	
我想要挣钱或攒钱	
我需要培训或教育	
我需要特别服务	
只告诉我应该知道的	
我想要可靠的服务	
我想要更好的医疗救助	
我需要在生活中有更多的激情	

准则 16 共事过的成功企业家的 10 个秘密、技巧和策略

　　我向首席执行官以及大学生传授企业家精神已经有 20 年了，同时我还被公司雇用去教他们的总经理怎样在更高效的同时帮助公司取得更大效益。毫无疑问，学生和首席执行官都就如何变得更成功和怎样成为一个更好的 CEO 向我寻求技巧。

　　我记得当我读到拉里·佩奇回到谷歌当首席执行官的时候，他最先做的事情之一就是向乔布斯就如何成为一个好的 CEO 寻求意见。乔布斯给他了个非常简单，但却精准并且于之受用的清单：

　　　　1. 身边有一群聪明的超级"玩家"。

　　　　2. 有建立一支优良团队的目标意识。

　　　　3. 激发团队的超常潜力。

　　　　4. 致力打造高、精、尖产品。

　　　　5. 记住你的目标就是赢，你必须要能更好地回击你的对手。

6. 不要太狂妄，也不要太软弱。

7. 绝对不要自我满足，要时刻保有创新精神。

8. 学无止境。

我尊崇乔布斯的策略，基于我职业生涯以及观察他人所学到的东西，我可以再添加自己的一些观点。

怎样打造一支优良的团队

培养一支高效的团队是企业最艰巨的任务之一，但是这也可能是一个企业家所能做的最重要的事情之一。一个只有好产品和良好销售量的公司是不可能实现可持续发展的，除非你能建造一支高效的团队。

新的员工通常有一些增值的好点子，也愿意尝试新事物，然而那些已经在公司里工作过一段时间的人认为保持原样就很好。他们抵制新观点，排斥新任务。这听起来很不正常，不是吗？这看起来就像员工们都在往不同的方向使劲，如果是这种情形，那么公司就很难向前发展了。

企业家最初要学的重要一课就是如果他想要干出一番大事业，他就必须创造一支高效的队伍。当然，你也可以事必躬亲，虽然只是创办一个微型企业。如果你想要做一个强大的企业，你就必须要成长，这也意味着增添更多的员工。反过来，也就是让这些雇员像团队一样通力合作。

以下是我的做法：

1. 想要成为我的队员，你必须要比我聪明（很多人可能会说这是不容易的）。

2. 我身边的人是有上进心，能够自我激励的。

3. 我的任务是让他们集中精力，充满斗志，使他们能够以最好的状态投入工作。

4. 我会尽力为他们清扫障碍，这样他们就可以无所顾虑地完成工作。

5. 我也会通过幽默感和自己的笑声向他们解释事情。

授权和领导团队

为什么又经历了此次麻烦？因为领导者没有最大程度地集思广益。你也许想的比别人多，但是想得多并不代表一切。你想要尽可能地拥有好点子，而且你的队员也可以为你提供。

这就是为什么对员工授权是一个企业家成功的秘密武器。你的员工也许不知道如何实践他们的想法，他们也许没有所需要的资源，但是你可以为他们解决所有的问题。你所需要的就是好点子和一支能够将之付诸实践的团队。

以下是我组织高效队伍试图遵循的 7 个步骤。

1. 拒绝紊乱。在一个杂乱的环境里试图建造一支高效的团队是困难的。员工需要感受到自己在一个被看重的地方工作，他们能明确自己的角色，同时在提供建议的时候是自由的，而且这些建议尤其能够提高团队的效力和加强总体上的组织管理。

2. 有一些好的领导。我说有一些领导是有原因的。当然，基本上每个公司都由一个人管理组织机构，但是他却不需要领导着每一个团队。任何层次的领导者都需要有智慧，树立清晰的目标，对手边的工作保持高度的热情。他们必须是驱动力，而且应该与时俱进。

当艾科卡被问道为什么他要雇用那些"勤劳的新邻居"和那些"标新立异"的人时，他的回答非常好。他说："因为他们做的比人们所期待的更多。"

3. 每一个领导者必须要有一个明确的目标。一个真正的领导必须明确公司的发展道路，而不是简简单单地说："跟随我。"很明显是这样，不是吗？回想一下你所在的工作团队，它是不是总是这个情景？

4. 领导者必然是喜欢见到员工以无限的潜力投入工作中的。他们对那些超出自己原来料想，并能出色完成工作的队员感到自豪。

5. 以你想要被对待的方式来对待别人。这应该是不言而喻的，但是如果你曾经在一个管理糟糕的公司工作过，你就会知道这是不常见的。

6. 沟通。首先，你必须再三地传达重要消息。在消息传达到各个部门之前，你会讨厌被人打扰。然后，无论什么时候都要尽可能地面对面沟通，这就是最简单有效的方法。

7. 监督的重要性。你需要定期举行会议，这样你就可以考察团队的业绩，以及做必要的方向性调整。

☑ **证明可行性**

作为 Cenveo 的主席和首席执行官，以及在商务印刷、包装定制、信封制作、商标定制、仓储和生产方面颇有建树的世界领导者，鲍勃·布鲁顿就是一个很出色的榜样。他是个具有超凡魅力和雄心壮志的人，同时他在经济领域也取得了耀眼的成就。在公司上市之前，他就确定好了目标，之后他又和所有重要的总经理召开定期会议来考察他们的业绩。鲍勃使我联想到了很多著名的足球教练。这是不足为奇的，因为他曾经是默里州立大学全美足球中的一员，之后被选入旧金山 49 人组。

怎样打造一支优良的团队 Ⅱ

我们之前已经提到过这个问题，但是因为它是如此重要，在这里我想借助一下马斯洛的层次结构图再次加以说明。

```
                    道德观、
        自我实现      创造力、
                 自觉性、解决问题、
                 不带偏见、接受事实

        尊重      自尊、自信、成就、尊重他人

     爱 / 归属感        友情、亲情、爱情

        安全    身体、工作、资源、情感、家庭、健康、财产

        生理   呼吸、食物、水、性、睡眠、内稳态、分泌
```

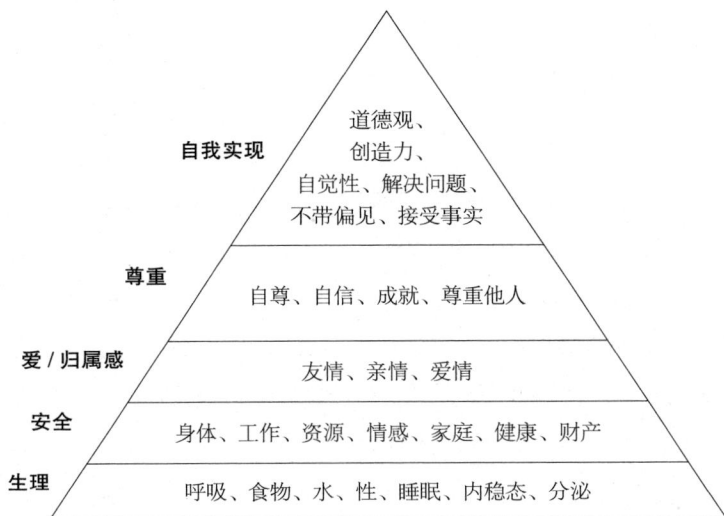

以上的图表就是心理学家亚伯拉罕·马斯洛工作内容的陈述。在马斯洛早年的职业生涯中，他就注意到有些内容需要优先于其他的内容。比如，当你又饿又渴的时候，后者的需要将会强于前者。这没什么好惊奇的，没有食物，你还可以存活几周，但是如果你几天不喝水，你就会死掉。如果在你渴的同时，刚好有人惹你生气，这时需要静一静的愿望会优于你对水的渴望。

马斯洛把所有的需要分成了 5 类，在图表中越靠下的内容正是人们越基础的需求。比如，安全比友谊重要。

为什么说起这个？很简单。你可以像马斯洛层次表一样列一个分类图以此来创造一支高效的队伍。像他的三角形一样，从底部最基本的需求开始着手。

1. 生理需要。这一水平是个起点，你想从你的团队成员们那得到什么（我们稍后会讨论这个问题）？此外，你打算付给他们

多少钱？你不能说人们就应该无偿工作，即使有委托销售员，你也需要支付给他们一些钱。

2. 安全需要。关于这一点，我们会告诉他们，他们所担心的工作环境是怎样的。

3. 社交需要。大多数人想要的不仅仅是为他们的工作时间讨要一份工资。他们喜欢和同事交往，他们喜欢工作。对于那些在我们公司工作的人来说，情况确实如此。

4. 尊重需要。每个人都想要一份好工作，想被他人肯定，想凭能力升职。他们并不想听到有人说，除非你在这里待了10年，否则你不能成为合作伙伴。然而我们这里并没有这些规则，我们所做的每件事情都是为了让我们自己有所进步。我们将支付专业的教育课程，并抽空参加培训课程。

5. 自我实现需要。这是下一步应该做的，人们总是想尽可能地把自己变得更优秀，而我们可以帮助他们实现目标。

总之，钱是一个动力因素，然而正如你所知道的，总有一些其他方面的因素，如果加以使用，同样会产生好的结果。

成功的金字塔

我们都知道，马斯洛三角定义可以让一般的人做特殊商业，然而你还是不相信。那么，让我给你一个有力的证明，它适用于运动竞赛，它没有平局，要么赢，要么输。

史上最伟大的篮球教练——约翰·木德，在12年的时间里赢得了10次全国大学生体育竞赛，得到7次全国冠军。这不仅是史无

> 前例的，而且绝不会被超越。他的金字塔被称为成功的金字塔，在
> 很多方面都复制了马斯洛的三角形。
>
> 　　看到这一点，让我确信马斯洛层次理论是正确的。
>
> 　　来吧！向最好的看齐！

奖励的作用

　　我是一个懂得回报别人的人，有现金奖励吗？是相当多的奖励。我们定期向有资格领取的人发放奖金，但是正如我们所看到的，在某一点上，现金并不是一个巨大的激励因素。其他的奖励比如说，可能是在离门最近的停车场附近找个温泉浴场放松一天，或者给你带来一杯咖啡。

　　我不认为你能把这类事情做得足够好，但是给人们带来认可的同时，也同样带来了自尊。当然，你可以说："我付出了，这就够了！"但是，其实这是不够的，从马斯洛的视觉里看，你就会明白其中的原因了。

案例研究：在真实生活的团队中合作

　　团队合作在好莱坞电影中经常出现，尤其是在战争类的电影中，比如，阿凡达、十一罗汉、X 战警。就像《晴空血战史》这部电影获得 4 项奥斯卡电影提名并赢取了其中两项。1998 年，由

于它的历史价值和文化价值和美学上的重要价值，它被国会图书馆收藏。

就像你所看到的那样，这部关于美国第八空军参与第二次世界大战早期的电影是基于一个真实的故事。电影明星格利高里·派克饰演陆军准将弗兰克·萨维奇，他接管了918个遭受了巨大的损失的轰炸机小组，这些小组已经缺乏士气和领导能力。

然而，不足为奇的是，在萨维奇开始准备反抗时，他试图增大军队数量，通过密集的技巧战略和改进军队纪律，他的军队开始有所起色。此外，那些在战斗机上的飞行员们摧毁了更多的敌人，大大地减少了损失，增加了成功的概率。萨维奇的策略得到了更多的认可，他们变成了一个具有凝聚力的强大军队，而且飞行员和军官们可以自由地辩论，提供一些建议，从而使中队变得更加强大。

练习 15：《晴空血战史》

1. 从"软价值观"中判定，是否适合需要创建一个高效能的团队，比如忠诚、自豪、信任。

2. 如果需要的话，是否会改进领导风格来提高团队的成绩？

3. 说服一个人成为团队成员的最好方法是什么？

4. 如果有人拒绝加入队伍，你会怎么做？

5. 这些方法会在当今的商业领域中奏效吗，还是只适用于电影中？

6. 应该去模仿其他的成功人士，还是去做自己喜欢的事？

学会感恩

很抱歉到这里才提出这一点——学会感恩。我仍然记得在哈佛人事管理部的第一天，世界著名的营销学教授马蒂·马歇尔站在我们面前说："如果你不记得别的事情，那么一定要记住这个——对那些表现优异的人表示感谢。"

我知道我做的远远不够，所以当我回到办公室的时候，我尝试去表达对他们的感谢，结果让我难以置信，当我说出口的那一刻，我看到他们的表情都亮了，他们的自尊心也随之高涨了起来。

学会感恩这一点是至关重要的，我会稍后再做解释。

发现优秀的伙伴

很明显，团队成员越优秀，团队的成绩就会越好，所以你想尽可能招聘到优秀的人，但是这一过程需要很长一段时间。在进行到第 7 个人面试的时候，你可能会说："我还有很多事情要做，我承认他们是优秀的，或许有一天他们会成功，那就让他们加入我们吧！"但如果你一开始就降低了你的招聘标准，对于公司来说就是无益的。

更糟糕的是，将有可能错失一个巨大的潜在优势。总是会有比你更聪明的人来夺取本属于你的胜利，总会有一些公司会提供比你更好的产品或服务。你唯一能做的就是发现更优秀的人才，来缩小这些差距。所以，如果你在招聘过程中解决了这件事情，那这些意外将永远不会发生。

这里有一些关于尽快找到人才的方法。在去公司进行面试之前，先对其背景进行调查：

1. 你需要有成为领导者的潜力。他们想看看你是否在以前的工作中担任过领导职务，或者在学校里参加过活动。我想要找的是清楚自己存在价值的人，这种人才会懂得领导团队。

2. 你已经证明了行动能力。或许你通过大学，说服了市政当局安装自行车道，抑或劝服了你的前任上司扩大其儿童保育计划。团队总是会遇到障碍，你需要有一种人知道如何去克服困难。

3. 待人友善。这一点是从你的简历中看不到的，所以我在面试中会问："你会怎样解雇一个人？一位客户打电话来，抱怨他的账单。你会怎么做？"或者"让我们假装你在面试我。"你会问什么问题？

这只是过程的一半，你想要雇用最优秀的人，但是同样你也要确保他们在你公司的待遇，如果处理得不合适，你也不会从他们身上得到你想要的。

这就是为什么在面试过程中，我总是非常坦率地谈论公司文化。我告诉求职者为我们工作的好处：怎样才能更快地发展自身的才能，允许他们和他们一样的聪明有趣的人一起工作，我们也会经常安排游戏和公司活动来促进友谊和团队合作。

我还告诉他们，有些人也会被否定，比如解雇每年 10% 的员工（在努力后并没有成功地提升他们本领的人）。这样一来，他们就知道，如果他们没有做到努力、能干、高效，他们就要另谋它职了。

向他人学习

我很幸运能和很多成功的企业家一起工作。以下是他们的一些想法和理念，这些都是他们成功的原因。你可以想把其中一些融入到你的管理风格中，我有借鉴过。

杰伊·菲茨杰拉德

杰伊是《高尔夫文摘》杂志的前任总裁。在他的总裁任期内，《高尔夫文摘》成为高尔夫的头号出版物。当我问杰伊是否有什么"秘密"时，他给了我以下 10 条建议：

1. 工作以身作则，设定明确的目标。
2. 从基层人员到副总裁都一视同仁。
3. 常与公司的人沟通，保持紧密的联系。
4. 保持你的"门是开的"，但也要在办公室里走动。
5. 在业务的各个阶段都要有好的想法，并实施一定的压力。

6. 如果你发现员工对假期更感兴趣，把所有的病假都拿出来，还问很多关于他们养老金的问题，经常迟到，准时下班，那么他们不是你想留住的员工。你需要的是那些拉车的员工，而不是只知道坐着车的人。

7. 要奖励有出色业绩的员工，制定一套成功的标准，不要只知道在口头上说，要彻底实施它。

8. "超级碗"西雅图海鹰队的主教练皮特·卡罗尔说：

> 提前到达会议。

> 做好准备。

> 想赢就要超过你的对手。

9. 著名的绿湾包装工教练文斯·隆巴迪说："胜利并不代表一切，但这是唯一的目标。"

10. 尽情享受你的成就，你身边的人都会感受到你的成功。

吉姆·莉莉

当吉姆成为庭院工业的总裁时，他是一家世界级的消费品公司，拥有像咖啡先生、尚彬和奥斯特这样的 120 个强大品牌的多元化投资组合，销售额为 3 亿美元。当我们在 2015 年（不到 10 年后）接受采访时，销售额已经上升到 90 亿美元。那么吉姆的秘密是什么呢？是什么导致了庭院工业的惊人成长？

1. 注意你的声誉。

2. 诚实处理你的业务，包括进行收购。不要吝啬最后 1

分钱。记住，总有一天你会再次与对方发生关系，你要像第一次那样诚实地对待他们。

3. 当你进行收购时，要让自己收益最小化，以作为对卖家的激励，并且提供机制和工具，让卖方在新公司的领导下成长。

4. 雇用比你更好的人，培养未来的领导者。

5. 在你的管理团队中培养一种"他们是公司老板"的感觉，而不是租房者。他们更关心公司，就像房子的主人比租房者更关心他们的房子。

6. 多实践，不要怕苦怕累。

7. 要明白，每一个新项目都是以一张"干净的纸张"开始的。"你以前是怎么做的，现在那样做就可能就行不通，因为条件和事实是不同的。"

8. 知道领导者是怎样的人：

　　➤ 高标准但是够公平

　　➤ 敢于做但不怕失败

　　➤ 有领导能力的人

　　➤ 尽责的沟通者

　　➤ 以身作则

9. 培养领袖、文化：

　　➤ 合理分配劳动价值

　　➤ 信息能够共享

　　➤ 鼓励创新的想法

　　➤ 做好本分工作

10. 在需要的时候举行会议，就像 CEO 会议一样，开会的意义不是命令谁去做任务，而是一种探讨、商量。

将不可能变为可能

之前谈到过赫斯石油，现在我们再来谈及这个故事。

20 世纪 80 年代，利昂·赫斯决定在美属维尔京群岛圣克罗伊建造一个日产 4 万桶的精炼厂。

完成一个类似的炼油厂（包括基础设施）的平均时间是两年多。赫斯决定在 6 个月内完成这项工作。

因此，几乎每个周五他都从新泽西飞到圣克罗伊岛的炼油厂工地，与参与该项目的所有关键人物举行一次会议。利昂坐在一辆拖车的大桌子旁。桌子上的每个人都向他报告自己在项目中的任务是否按计划进行，或者是否有可能发生推迟了项目的事情。

所有的事情都拿出来详谈，之后所有的事情都解决了。

但底线是：炼油厂要在 6 个月后开始运转。

尼克·武伊契奇

尼克曾担任美国广播公司和布莱尔电台的高管，考克斯广播公司的总裁，并在这 3 家公司中表现出色。下面是他对成功的领悟：

1. 不要害怕失败。

2. 为其他人树立榜样。

3. 把成功归功于别人，但要为失败负责。

4. 和优秀的人在一起。寻找聪明、诚实、勤奋的人。

5. 培养灵活的思维能力和做出决定的能力，从而让自己感到更加自信。

6. 接受人们给你带来的问题，但要求他们也带来解决方案。

7. 信任，疑人不用，用人不疑。

8. 当设定目标的时候，让你的团队投入进去，让他们挑战自己，超越期望。

9. 你要知道，如果有人愿意来工作，那么说明你已经成功建立了正确的企业文化。

10. 要明白不是每个人都能领导或成为领导人的。

11. 有一套正确的管理和指挥系统。

12. 即使在职业生涯中换了几次工作，那么依然有你的配偶和家人支持你。

13. 当经济不景气的时候，要始终保持创新的状态。

14. 以诚实的方式与竞争对手和你的上司一起工作。因为你永远不知道他们将来什么时候能够帮助到你。

汤姆·昆兰

汤姆是纳斯达克上市公司的总裁兼首席执行官。该公司是世界上最大的印刷和印刷相关业务的供应商，拥有超过 6.5 万名员工，收入大约为 120 亿美元。我问他关于他的管理风格和他成功的秘诀。这是他告诉我的：

1. 工作奖励制度。奖励并不需要总是金钱。
2. 不要让别人去做你不愿意做的事。
3. 尽快作出艰难的决定。
4. 有效的交流、沟通。把电子邮件保持在 25 个字以内。任何超过 25 个单词的电子邮件，拿起电话，打电话给那个人。
5. 要谦虚。继续发展你自己和你的事业。
6. 当你在门口检查自我时，这就说明已经取得了很大的进步。
7. 工作态度。要有礼貌，比如礼貌地说："谢谢。"

鲍勃·克莱恩

鲍勃是压碎音乐的联合创始人和拥有者，他是美国最受欢迎的一些音乐表演的商业经理，曾经和他合作的明星有火车男孩。从他的回答中你就知道他是因何而成功的——专业知识、努力工作、热情、团队合作，以及必要的冒险。

以下是他的回答；

1. 我设定了一个时间限制（30 岁），要么成为一个艺术家，要么去做别的事情。
2. 我了解我所处的行业。我的搭档乔纳森·丹尼尔作为音乐家和我一起开始了全国巡演。管理乐队是一种自然的延伸，在这样的背景下，有一个竞争优势让我们觉得我们是艺术家,是在和其他艺术家一起工作。

3. 当我们认识到一个有才能的乐队时,我们给他们提供了我们的专业知识,甚至在某些情况下,还给他们提供了财务支持。

4. 我们真的很热爱我们的职业。这一点是很重要的,有时我们甚至每周工作 80 个小时。

○——————○　**本章的 4 个要点**　○——————○

1. **如果你想尽快成长和取得成功**,那就建立一个有效的团队。除此之外,没有别的办法。

2. **把成功归功于别人,但要为失败负责。**人们不想你嘲笑他们的想法。他们应该知道,如果他们的想法行不通就盲目去做的话,那不是他们的错,是你的错。

3. 记住,**使得团队的发挥最有效方法是通过面对面的交流。**

4. 重新回顾本章结尾处那些成功人士在访谈中的表述,将那些技巧和建议与你自己的风格相结合。

准则 17　懂得回报

　　我本打算把这章作为另一章的一部分，但我认为这个想法太重要了。

　　正如在你的生活中，你做事情不只为自己考虑，还要顾及家人、朋友和社会。你有伟大的抱负，想要成为伟大的人，就要学会帮助他人。

　　你必须回馈社会。

　　当我这么说的时候，有些人想知道为什么他们必须这么做。他们告诉我，他们遵守一切法律、纳税和投票。他们照顾家庭，他们与邻居相处融洽。他们问："这还不够？"

　　不够！

　　你确实想要以你希望他们对待你的方式来同样对待别人。当你遇到困难时，你希望有人来伸出援助之手。当然，你就应该愿意帮助有困难的人。随成功而来的是一份能够懂得援助他人的责任。

　　事实上，我相信在你成功之前你就已经有了这份责任。我一直鼓励人们要尽早懂得回报。同样的教导要给孩子们，把这个概念体现在小事上，要在他们收到的礼物中拿出 10% 用来捐赠给慈善机构。这就是我和露易丝的想法。

你不必太早就开始予以回报，但我认为当你有工作的那一刻，你就应该意识到这一点。为什么？因为在我看来，这一点是很重要的。

另外，当什么事都进展得很顺利的时候，这不再是能不能做的问题。你应该尽早养成帮助别人的习惯，并在生活中保持这种习惯。

> 每个人都有责任回报社会。

我知道年轻人会反驳我说他们应该从他们的工作生活中得到回报。毕竟，当你刚开始的时候，工资是很少的（这当然是为了自己）。

如果听到我的建议，让你从收到第一份薪水的那天起，使你变得不知所措，那么就会导致你变得很迷茫：我认为每个人都应该捐出 10% 的钱，他们也应该从第一天起就做出贡献。

在希伯来语的律法中有一个概念叫作弥撒。它以 3 年为一个周期。在第一年，有 10% 的人被授予高级祭司。在第二年，有 10% 的人被授予了执行宗教行为的利末组织。第三年，穷人和孤儿得到了 10% 的救助。然后循环往复。在其他宗教里，这个概念叫作十一奉献。即使你不信教，我也建议你这样做。

现在，让我重点强调一下，10% 不一定是现金。除了现金，你还可以付出你的时间、商品或者服务。如何给予是可以选择的，但是付出多少是看自己的。

某人、某地？这由你自己决定。然而，在通常情况下，你会对与自己有联系的慈善机构更有好感。

让我给你们举一些简单的例子。

我一直在研究癌症，但当我被诊断为癌症时，由于之前的回报给了我个人更多的好处，我直接在波士顿的达纳－法伯癌症研究所工作，这是一个在成人和儿科癌症治疗和研究方面世界领先的领域，我帮助他们筹集资金。我很幸运，我的治疗过程非常有效，我想成为在类似情况下总能帮助他人的一份子。

相反，如果你想把孩子送到当地医院接受良好治疗和服务，则可以选择资助当地的儿童医院。

你同意当地的宗教设施应该有一个托儿所，这样年轻的父母就可以参加服务，而不是被迫留在家里陪孩子。每个人都同意，但都说没有钱，所以你要自己开始筹款。

你是否觉得自己受过良好的大学教育，能帮助你成功？我向我的母校哈佛大学和罗格斯大学捐款。我也为巴布森学院做了贡献，因为我认为巴布森学院提供的教育是一流的，是非常重要的。多年来，《金钱》杂志和《美国新闻与世界报道》都将巴布森学院评为美国创业精神最好的大学。现在想想，在那里教了 15 年，真是一种荣幸。

如果你想纪念在"9·11 事件"中逝去的人，那么你可以做一些慈善事业，比如我的家人就支持杰里米慈善机构。

做一些对自己有意义的事情。

　　你具备战略性思维吗？如果你和高尔夫球手做生意，你应该资助与高尔夫相关的慈善机构吗？在这个问题上我是中立的。不管喜不喜欢，最终什么事都有可能会发生。如果你是一家公司的高级经理，而首席执行官有一个他特别喜欢的慈善机构，你可能最终也会做出一点儿贡献。这只是另一个例子，用来资助一些对你来说很重要的东西，也就是说，维持上司的良好风度。

　　这是人的本性，大多数人发现，如果他们能与慈善机构联系，就更容易找到他们的支票簿。

　　顺便说一下，这也是你负责筹款的方式。你需要把原因、问题或项目联系起来，为你想要贡献的人筹集资金。当然，你也可以只筹集钱，但你要把你的要求与他们关心的结合起来。你收到捐款的概率大大增加了，你可以看到这与马斯洛的两层需求——尊重需要和自我实现需要之间的关系是多么的简单。

　　这里有一个例子。假如你在为镇上的体育设施筹集资金。你可以随便敲几下门，要求别人帮你。或者你可以弄清楚谁是城里最富有、最慷慨的人，并试着确定他们会做出什么反应。

　　懂得回报能带来好运。

　　好吧，在这种情况下，毫不奇怪，关心运动的人更有可能懂得给予。你会发现镇上的一个人是当地大学橄榄球队的狂热追随者。那你愿意请他一起去吃午饭吗？或者，在淡季和主教练打一

场高尔夫球？如果可以的话，你收到一张超大支票的概率会大大增加。

如果他们有孩子参加过学校的体育运动，或者现在也正参与其中，他们也许会成为优秀的候选人。

我的朋友帕特·波伊尔是一位非常成功的企业家。他卖掉了自己的一家公司后，就有更多的时间和孩子们待在家里。像帕特一样，他们也是运动员。他发现一个问题就是足球和棒球场没有体育场的灯光，这导致了设施不能在夜间使用。

于是帕特花了3年时间举办了许多筹款活动，并参加了分区会议，以认真应对他们所面临的任何挑战，后来即使在田地里也会有灯光。现在，他们更加喜欢在晚上游戏和练习。这些都是由于他的努力。

美国森维欧印刷企业（Cenveo）的主席鲍勃·伯顿声称，如果他没有获得足球奖学金，否则他就上不了大学。因此，他为他们公司的员工子女创立了奖学金项目。到目前为止，他们已经筹集了200万美元。

有一种联系会让一切变得不同。

其他案例

正如只有你才能决定你会采取什么样的道德标准，只有你能决定，你将如何把你的道德行为资本化。

例如，目标公司在每家商店都有一个标志，它宣称将向当地慈善机构提供 5% 的利润，这甚至打破了对附近城镇的捐赠记录。在蓝爵，我们有资助狗和猫癌症研究的基金会。我们的贡献是以销售为基础的。你可以在我们的网站上看到，我们每年提供数百万美元的援助。

你需要做你认为正确和舒适的事。多去行动，你必须决定你是否是一个受人尊敬的人。

同伴的压力

在这里，我还学到了一些关于给予的东西，这让我觉得是违反直觉的。在很长的一段时间里，我非常乐意付出而没有得到回报。人们会提出在我的荣誉上贴上一个牌匾，或者给我起个名字，每次我说"不"的时候，"我很乐意给你。"我说，"我不想得到任何人的认可。"

莱恩·施莱辛格（Len Schlesinger）校长把我带到巴布森学院时，就毫不含糊地告诉我，我的谦虚是一个坏主意。

"如果我能说出你的名字，我可以去和你的有钱朋友和同事说：'你们看到格林的贡献了吗？你们比他更有钱，你打算资助什么？'"

这是一个非常聪明的方法。人们天生具有竞争性，他们想要超越他们的朋友和同事所做的一切。当然，慈善事业也因此受益。

这种变化可以在更小的尺度上发挥作用。例如，我们员工的孩子总是参与某种集资活动。当地的女童子军想去旅行，游泳队需要有钱才能参加一个地区性比赛。

我总是告诉父母把孩子们卖的饼干、包装纸或者杂志放在接待员的桌子上。这样，其他的员工走进去就可以看到。我也在大的方面给他们建议。我告诉他们也要留下一张捐款单，这样每个人都可以看到谁买了（还可以找出谁没买）。我想成为第一个注册的人，你会惊讶于这种方法在增加捐款方面是多么有效。

我不在乎你付出什么，我只在乎你这样做了。

这本书的利润

我真诚地希望你从这本书中得到一些能使你更成功的点子。

这本书的所有利润都将捐给慈善事业，这叫物尽其用。

谢谢你的阅读。

正如我们所看到的，你不能说足够的感谢，我的情况当然也是这样。

感谢我的团队

让我把你介绍给我过去和现在的团队。没有他们，我就不会取得成功。

我的妻子路易丝·格林（Lois Green），在超过 57 年的时间里一直是我的老板和我的"一切权利"，她是我取得成功的真正原因。

我的女儿贝丝·格林（Beth Green），她是一位向我咨询了许多巴布森的案例研究和业务事项的律师。

我的女儿黛布拉·格林（Debra Green），她是杰里米影响基金会的主席，她做了我 15 年的法律顾问、个人顾问和商业顾问。

我的儿子乔纳森·格林（Jonathan Green），在超过 10 年的时间里，他是我有针对性的金融服务合作伙伴，他对我的财务状况、马和广告提出了宝贵的意见。

卡里恩·鲍尔（Karlene Bauer），在绿地集团担任管理和运营总监，负责房地产事业部，他给了我超过 30 年的令人难以置信的建议和反馈。

吉姆（Jim Benkoil），注册会计师，绿地集团 20 多年的合作伙伴。

凯西·安德森（Kathy Anderson），她是我 20 年来的伟大导师，她离开原来的岗位，创办了一个非常成功的经纪和金融公司。

莱斯（Les Charm），巴布森学院教授，是我真正的朋友和超过 15 年的顾问。

凯特（Kate Paynter），她是我餐饮和宴会公司的成功酒店经理，与我相伴 10 年。

戴安娜·塞尔梅耶（Dianne Sellmeyer），她是我 30 多年的秘书，以及税收、房地产和赛马业务管理员。

唐娜（Donna Tumminia），我的助理，以前曾与高级管理层在 AIG 共事超过 10 年。

唐娜·图穆迪（Donna Tumulty）和她的丈夫在资金管理领域工作超过 10 年。

玛丽安（Marianne Velcamp），注册会计师和顾问，她是我 20 年的朋友。

迈克尔（Michael Panitch），美邦银行副总裁，是我 25 年的顾问和朋友。

拉比·阿诺德·拉斯科（Rabbi Arnold Lasker）教我要随时准备好任何问题。

拉比·杰克·拉索夫（Rabbi Jack Rosoff）给了我人生的方向。

我的家庭的其他成员何尼·罗宾斯（Honi Robins），米歇尔·格林（Michelle Green），马丁·芬伯格（Marty Feinberg），艾伦·卡丁（Ellen Kadin）和艾默康出版公司的总编，他们给予我诸多鼓励。

乔（Joe Scuttllaer），前合作伙伴，他总是在我身边。我的父母和海伦·格林（Helen Green）总是给予我指导和爱。

约翰·阿特曼（John Altman），一位教师、导师和人道主义者，他是我最好的朋友和 30 多年的商业顾问。

致　谢

　　本节用于是向我的妻子路易丝、家人、同事和客户表示感谢，并感谢他们对这本书的贡献。

　　因为我已经做完了这些，我还想感谢其他遇到过的朋友为我提出的宝贵意见。我真的得到了导师和朋友们的帮助，他们一直在帮助我。

　　我把一些人写进了这本书中，但我确信我遗漏了一些人或者大大改变了其他人。相信我，这是不自觉的。如果你的名字没有包括在书里，请知道我会记住你和你的话，我非常感谢它。

　　在我的一生中读过许多成功企业家的成功的故事。在我看来，最伟大的人物之一是苹果公司的创始人、董事长兼首席执行官史蒂夫·乔布斯。

　　在20世纪90年代后期，苹果品牌以那条著名的在语法上很奇怪的的口号"不同凡想"来包装自己。该活动的高潮是一个电视广告，被称为"这里是疯狂的"。

　　屏幕上闪现着标志性的活动家、艺术家、探险家和科学家的形象，下面的这些句子被传诵。

　　"给那些疯狂的人、不合适的人、叛军、麻烦制造者、格格不入的人，那些对事物有不同看法的人。他们不喜欢规则。他们不尊重现状。你可以引用他们，反对他们，颂扬或是诋毁他们。你唯一不能做的就是忽略他们。因为他们改变了现状。他们推动人类向前迈进。虽然有些人认为他们是疯子，但我们将其视作天才。因为那些疯狂地认为自己能够改变世界的人，正是那些能够改变世界的人。"

　　我鼓励你改变世界。

　　再次感谢你的阅读。

附　录

下面请允许我介绍哈佛商学院总裁管理项目小组的部分成员。

约翰·阿德曼（John Altman）博士是一位新教牧师，他经营着一家成功的塑料公司，在学校时被选为班上的班长。约翰在芝加哥南部长大，在乡村俱乐部打工，在那里他只能得到小费。他学会了给顾客提供快捷、高效和礼貌的服务。作为回报，他是俱乐部最受尊敬和奖励最多的员工之一。后来他去了迈阿密的俄亥俄踢足球。

杰夫·墨菲（Geoff Murphy）来自澳大利亚。他有很好的职业道德，几年后就成了公司的老板。杰夫有一种精明的能力去寻找解决问题的方法。杰夫并不局限于大学里教过的东西，因为他从未上过大学。3年的课程结束时，杰夫的建筑公司成为澳洲利亚/新西兰最大的建筑公司。

安德里斯·卫非特（Andreas Schweitzer）是瑞士人，我们都知道他的公司是酒店行业的家族企业。在总裁管理班的第一年，作为一个笑话，我们会把我们的脏衣服丢在他的门边。他从不反对。他很安静，但却充满了智慧。

第二年我们回来时，我们都在门口找到了一本小册子，里面介绍的是他经营的在瑞士苏黎世的多尔德大酒店，这家酒店曾被评为基于价值和服务在世界上排名第一的酒店。孩子，我们很尴尬！

杰伊·麦凯布（Jay McCabe），来自波士顿的一名律师，曾是吉列物流的负责人。然后，他决定开始创建自己的物流公司，他来到总裁管理项目组。他公司的优势包括：能用行业知识、更好的个人服务和不断的创新来解决当前和未来的问题。我们惊奇地发现许多大公司除了聘请他来管理物流以外，还用了他善于激励的特点。

菲利普·斯坦（Phillip Stein），我们组最年轻的成员，来自加州。他是这个组织中唯一一个懂电脑的人，他在零售业与家族企业有很多商业经验。虽然他做过十几次眼科手术，但他仍坚持工作。

卡洛斯·马托斯（Carlos Mattos）是某一年我们组的一部分。他来自哥伦比亚南部的美国，像奶油一样圆滑，非常享受他的社交生活。我们不知道他是否会成功。当我被选为2013巴布森的董事会理事时，卡洛斯是董事会成员之一。到那时，他已是哥伦比亚100多家汽车经销商的所有者和首席执行官。